rororo

# Mann,

Bernhard Roetzel Men'sHealth

# benimm dich!

Rowohlt Taschenbuch Verlag

rororo Men'sHealth

Lektorat Bernd Gottwald

Originalausgabe | Veröffentlicht im Rowohlt Taschenbuch Verlag GmbH, Reinbek bei Hamburg, Oktober 2003 |  Redaktion Julia Vorrath | Umschlaggestaltung any.way, Barbara Hanke/Cordula Schmidt | (Foto: Birgid Allig/Getty Images) | Layout Christine Lohmann, Hamburg | Satz Elektra und Chantilly PostScript bei Clausen & Bosse, Leck | Druck und Bindung Landesverlag Druckservice, Linz | Printed in Austria | ISBN 3 499 61519 3

Die Schreibweise entspricht den Regeln der neuen Rechtschreibung.

# Vorwort

Braucht Mann ein eigenes Benimmbuch? Ein eigenes vielleicht nicht, ein Benimmbuch aber auf alle Fälle. Denn besonders nett geht Mann mit seinen Mitmenschen nicht um. Sich den Geschlechtsgenossen möglichst von der unfreundlichsten Seite zu zeigen, das hält Mann irrtümlicherweise für markig-maskulines Auftreten. Aber auch die Frauen, eigentlich ja die zu umschwärmenden Objekte der Begierde, werden alles andere als zuvorkommend behandelt. Ist es tatsächlich so schlimm mit den Männern? Ja! Alles geborene Rüpel? Das nun auch wieder nicht, viel häufiger liegen die Gründe für das unhöfliche Verhalten in Egoismus, Schludrigkeit und Ignoranz. Hauptsache, mir geht es gut, die anderen sind mir egal. Sprich: Mann lässt beim Betreten eines Ladens dem Nachfolgenden ungerührt die Tür vor der Nase zuschlagen, drängelt sich an der Kasse im Supermarkt hemmungslos vor, bremst andere Autofahrer aus, bleibt in der U-Bahn bräsig sitzen, statt einem Gehbehinderten den Platz anzubieten, und klingelt entfernte Bekannte Samstagabend zur Wetten-dass-Zeit an, um Belanglosigkeiten zu besprechen. Die Grundregeln des menschlichen Miteinanders sind simpel und schnell erklärt, aber warum fällt vielen Männern ihre Befolgung trotzdem so schwer? Vielleicht weil sie etwas Grundsätzliches von uns verlangen: Kritische Selbstbetrachtung und als Konsequenz die radikale Änderung jahrelang geübter Verhaltensmuster: Mann müsste plötzlich an sich selbst zuletzt denken. Logisch, dass dazu nur die wenigsten Lust haben. Da ist es schon wesentlich angenehmer, die vielen kleinen Regeln für die diversen Benimm-Problemfälle zu pauken. Denn mit einem persönlichen Engagement für Rücksicht, Fairness und Anstand haben die Fragen, in welcher Reihenfolge Besteck und Weingläser im Restaurant benutzt werden, wie der Kenner den Hummer verspeist oder wie bei einem festlichen Diner die Konversation abläuft, natürlich so gut wie gar nichts zu tun. Dies sind Dinge, die jeder lernen kann, so wie Verkehrsregeln oder die Bedienung eines Computers. Wer sie einmal begriffen hat, bekommt den Kopf frei – zum Beispiel, um sich doch noch den Basics des menschlichen Für- und Miteinanders zu widmen.

# Das kleine *Benimm-Einmaleins*

# Die wichtigsten Benimmregeln für Männer und andere Menschen

## Benehmen? Wozu eigentlich?

Knigge, Benimm, Höflichkeit, Etikette – für viele Männer sind das Fremdwörter. Nicht selten liegen die Gründe dafür in der Erziehung. Immer weniger Eltern bemühen sich, ihren Sprösslingen die Bedeutung dieser Begriffe klar zu machen. Eine schlechte Kinderstube ist aber keine Entschuldigung, wenn erwachsene Menschen sich permanent danebenbenehmen. Erstens kann man alles lernen, und zweitens machen gute Umgangsformen unser aller Leben um einiges leichter. Oder kennen Sie jemanden, der sich gern anblaffen lässt, mit Freude patzige Antworten an den Kopf geworfen bekommt oder vor Dankbarkeit strahlt, wenn man ihn rüde zur Seite schubst?

In Deutschland wird standardmäßig über mangelnden Service geklagt, dabei ist das Verhalten der Dienstleister oft nur eine Reaktion auf das Verhalten der Kunden. Wenn alle sich ein bisschen zusammennehmen und ihre Launen nicht permanent an wildfremden Menschen auslassen würden, hätten wir statt der Servicewüste eine Freundlichkeitsoase.

Um viel mehr als das einigermaßen reibungslose Miteinander geht es beim Benimm gar nicht, insofern muss auch niemand befürchten, dass er komplizierte Anredeformeln pauken oder Handküsse einstudieren muss. Diese Details können wir ruhigen Gewissens den Protokollchefs überlassen.

Gutes Benehmen ist im Prinzip also wirklich ein Kinderspiel. Doch selbst die einfachsten Sachen sind schwer zu begreifen, wenn sie einem nicht richtig nahe gebracht werden. Wir kennen das noch aus der Schule. Bei dem einen Lehrer hat man nichts kapiert und bei dem anderen alles. Weil der einfach besser erklären und – noch wichtiger – motivieren konnte. Denn wie heißt es so schön? Der einzige Weg, jemanden dazu zu bringen, etwas zu tun, ist, ihn dazu zu bringen, dass er es tun will. Wenn alle kapieren, dass wir mit gutem Benehmen eine ganze Ecke besser miteinander zurechtkommen, sind wir schon so gut wie am Ziel.

## Test: Bin ich ein höflicher Mensch?

Die goldene Regel dürfte jedem bekannt sein: Was du nicht willst, das man dir tu, das füg auch keinem andern zu. Anders gesagt: Wer selbst freundlich behandelt werden will, sollte nicht ständig allen anderen auf den Schlips, die Füße oder sonst wohin treten. Jetzt gibt es nur ein Problem: Jeder hält sich selbst für einen wahren Ausbund an Höflichkeit. Und falls einem doch mal der Kragen platzt, dann sind grundsätzlich die anderen schuld. Mit dieser Einstellung kommen wir natürlich nicht weiter, deshalb sollte am Anfang die kritische Selbstanalyse stehen. Beantworten Sie die Fragen bitte so ehrlich wie möglich, dann sagt Ihnen die Auflösung am Ende genau, wo Sie sich auf der Skala des guten Tons einordnen können.

| | Ihre Punkte |
|---|---|
| **1. Wenn man Sie mit einem Tier vergleichen würde, dann wären Sie** | |
| a) ein Bär. | 1 |
| b) ein Reh. | 3 |
| c) ein Elefant im Porzellanladen. | 0 |
| **2. Mit welcher dieser Filmfiguren können Sie sich am ehesten identifizieren?** | |
| a) Der Pate. | 0 |
| b) Der Gendarm von St. Tropez. | 1 |
| c) Forrest Gump. | 3 |
| **3. Ihr Lieblingsmoderator ist** | |
| a) Stefan Raab. | 0 |
| b) Harald Schmidt. | 1 |
| c) Kai Pflaume. | 3 |
| **4. Wenn man Sie beleidigt,** | |
| a) rasten Sie aus. | 0 |
| b) ziehen Sie vor Gericht. | 1 |
| c) nehmen Sie es gelassen. | 3 |
| **5. Als Diplomat wären Sie** | |
| a) nicht sehr gut geeignet. | 1 |
| b) in Ihrem Element. | 3 |
| c) eine Gefahr für die Sicherheit Ihres Landes. | 0 |
| **6. Ausländer gibt es in Ihrem Freundes- und Bekanntenkreis** | |
| a) wenige. | 1 |
| b) viele. | 3 |
| c) nicht, da Sie keinen Freundes- und Bekanntenkreis haben. | 0 |

| | | Ihre Punkte |
|---|---|---|
| **7. Wenn Sie irgendwo zu einer Party eingeladen waren,** | | |
| a) lädt man Sie immer wieder ein. | 3 | |
| c) werden Sie nie wieder eingeladen. | 0 | |
| d) dann deshalb, weil Sie immer einen super Nudelsalat mitbringen. | 1 | |
| **8. Familienfeiern enden bei Ihnen grundsätzlich** | | |
| a) mit Abschiedstränen. | 3 | |
| b) im Streit. | 0 | |
| c) verfrüht, da Sie es nicht mehr ausgehalten haben. | 1 | |
| **9. Ein Kompromiss ist für Sie** | | |
| a) der goldene Mittelweg. | 3 | |
| b) eine unbefriedigende Lösung für alle Beteiligten. | 1 | |
| c) ein Fremdwort. | 0 | |
| **10. Welcher Aussage stimmen Sie zu? Die linke Spur auf der Autobahn** | | |
| a) wird leider von Sonntagsfahrern und lahmen Enten blockiert. | 1 | |
| b) wird leider von Rasern als Rennstrecke missbraucht. | 3 | |
| c) sollte Autos mit mindestens 150 PS vorbehalten sein. | 0 | |
| **Gesamtpunktzahl** | | |

## AUSWERTUNG

Für jede Antwort gibt es Punkte. Zusammenzählen und Ergebnis ablesen.

## 0–10 PUNKTE

Höflichkeit ist für Sie ein Fremdwort, doch das könnte sich durch die Lektüre dieses Buches ändern – falls Sie sich über den Test nicht so sehr aufregen, dass Sie es gleich wieder umtauschen oder wegwerfen.

### 10–20 PUNKTE

Im Großen und Ganzen wissen Sie schon, wie Sie sich zu benehmen haben, doch wie höflich Sie tatsächlich sind, hängt sehr von Ihrer Laune ab. Ein bisschen mehr Ausgeglichenheit, und Sie kriegen das perfekt hin.

### 20–30 PUNKTE

Sie beherrschen nicht nur die Grundlagen des guten Tons, sondern besitzen außerdem noch ein freundliches Naturell. Diese Kombination macht Sie zu einem äußerst angenehmen Zeitgenossen, der dieses Buch mit Genuss lesen wird.

*Kleiner Tipp* Wie wir mit unseren Mitmenschen umgehen, scheint sehr viel damit zu tun zu haben, ob wir sie kennen oder nicht. Beim Weihnachtseinkauf rempeln sich die Leute hemmungslos an, rammen anderen beim Run auf die Grabbeltische die Ellenbogen in die Seite und reden mit den Verkäufern, als wären sie ihre Leibeigenen. Viele dieser Gelegenheitsrüpel erweisen sich in ihrem Sportverein oder der Firma als überraschend umgängliche Zeitgenossen. Ein ganz einfaches Rezept für mehr Höflichkeit heißt deshalb: Behandeln Sie alle Leute so, als wären Sie mit ihnen gut bekannt oder sogar befreundet.

## Gesagt ist gesagt? Was Mann sagt und was Mann tut

Höflichkeit hat viel mit Sprache zu tun. Das fängt mit den Zauberworten «bitte» und «danke» an und endet bei einer in jeder Hinsicht freundlichen, verbindlichen und angenehmen Sprechweise. Und natürlich geht es auch ums Zuhören und die richtigen Reaktionen auf das, was andere zu uns sagen. Männer haben oft mit beidem ein Problem, dem aktiven Aussenden von Nachrichten und ihrem Empfang. Die Ausdrucksweise ist viel zu dominant, ruppig und ungeschliffen, und wenn jemand anders den Mund aufmacht, wird entweder auf Durchzug geschaltet oder das Gesagte nur oberflächlich «analysiert» – um einen typisch männlichen Ausdruck zu benutzen. Kurz: Männer labern wild drauflos und hören nicht zu.

Es geht nicht darum, sich blumige Phrasen anzutrainieren oder so schleimig wie ein aalglatter Vertreter rumzutexten, denn die Sprache soll Ausdruck der Persönlichkeit sein und bleiben. Versuchen Sie einfach, Aufforderungen, Fragen und Aussagen in eine etwas gefälligere Form zu bringen, am Inhalt ändert sich dadurch gar nichts. Warum sagen Sie mittags in der Kantine nicht mal probeweise «Würdest du mir bitte mal das Salz geben?» statt «Haste mal Salz?»? Oder beim Bäcker «Ich hätte gern sechs Brötchen und ein Rosinenbrot» statt «Sechs Brötchen und ein Rosinenbrot». Und kein Kerl büßt auch nur das kleinste Bisschen seiner Männlichkeit ein, wenn er einer Mitarbeiterin die Unterlagen mit den Worten «Könnten Sie das bitte zehnmal kopieren und in den Meetingraum legen?» in die Hand drückt, statt mürrisch «Zehn Kopien in den Meetingraum» zu brummeln.

Doch es reicht nicht, sich nur auf die eigene Ausdrucksweise zu konzentrieren, wir müssen auch besser zuhören und lernen, richtig auf die Worte der anderen zu reagieren. Dabei geht es häufig darum, zwischen dem exakten Wortsinn und der übertragenen Bedeutung zu unterscheiden. Die Frage «Wie geht's?» sollte nicht unbedingt als Aufforderung verstanden werden, das gegenwärtige Befinden in aller Ausführlichkeit darzulegen. Nur im engsten Freundeskreis dürfen Sie diese Frage als echtes Interesse interpretieren, überall sonst ist sie nur eine einleitende Floskel. Man kann das oberflächlich finden, auf einem Stehempfang wäre es aber schlicht unmöglich, dass jeder dem anderen als Antwort auf die Begrüßung stundenlang von sich berichtet.

Nicht nur Fragen, auch Aufforderungen sind selten buchstabengetreu zu befolgen. Wenn Sie zu später Stunde eine Party verlassen wollen und der Gastgeber sagt: «Oh, wie schade, bleib doch noch», dann meint er in Wirklichkeit: «Vielen Dank für den Besuch und guten Heimweg.» Es sei denn, Sie haben mit Ihrem besten Freund gefeiert, und er bedauert es wirklich, dass Sie schon gehen. Ähnlich verhält es sich bei Einladungen zum Essen. Wenn Sie gefragt werden, was Sie als Aperitif trinken möchten, dann beschränken Sie Ihre Wünsche auf das tatsächliche Angebot, statt irgendwas Exotisches zu erbitten, was Sie vielleicht wirklich gern trinken möchten, aber garantiert nicht vorhanden ist.

Höflich zu sprechen heißt ganz gewiss nicht, doppelzüngig zu reden oder Phrasen zu dreschen. Es geht einfach mal wieder nur darum, einen möglichst reibungslosen Ablauf der Kommunikation zu gewährleisten. Auf durchaus nette, aber nicht wörtlich gemeinte Fragen oder Angebote wörtlich einzugehen würde schlicht den Rahmen sprengen oder den Fragenden in Verlegenheit bringen. Sparen Sie sich interessante, persönliche und ausführliche

Redebeiträge für die eigentlichen Gespräche auf, statt damit bei der Begrüßung alles aufzuhalten.

Wie hieß es in der Schule immer so schön? Man muss nicht alles wissen, sondern nur, wo man es nachschlagen kann. So ist es auch bei Benimmfragen. Wie rede ich einen englischen Herzog an und wie den Papst? Soll ich in Frankreich die Blumen vor dem Überreichen auspacken oder nicht? So was braucht wirklich niemand im Kopf zu haben. Die folgenden 10 wichtigsten Grundregeln dagegen schon:

### BEHANDELN SIE ANDERE SO, WIE SIE BEHANDELT WERDEN MÖCHTEN.

Diese goldene Regel des Miteinanders bedarf keiner weiteren Erklärung (sie gilt allerdings nicht für Sado-Maso-Fans).

### NIEMAND SOLL DAS GESICHT VERLIEREN.

Kosten Sie es niemals aus, wenn Sie Recht hatten, etwas besser wussten oder sich jemand blamiert hat. Seien Sie ein großmütiger Sieger.

### LÄCHELN SIE!

Ein freundliches Gesicht wird überall verstanden und macht vieles leichter. Aber lächeln Sie nur, wenn Ihnen danach zumute ist, ein künstliches Dauergrinsen bringt gar nichts.

### BITTE UND DANKE SAGEN

Den Kindern werden sie zwar schon im Kindergarten beigebracht, Erwachsene vergessen die Zauberworte dagegen umso häufiger. Schade, denn «bitte» und «danke» können Wunder wirken.

### BEHALTEN SIE KRITIK FÜR SICH.

Niemand lässt sich gern kritisieren, also verzichten Sie darauf, zu allem und jedem Ihren Senf dazuzugeben. Sie finden das neue Auto Ihres Kollegen doof? Behalten Sie es für sich, Sie müssen das Modell ja schließlich auch nicht fahren.

VERSUCHEN SIE NIEMALS, ANDERE VON IHRER MEINUNG ZU ÜBERZEUGEN.

Ganz gleich, ob Sie den lieben Gott, die Logik oder sämtliche Experten der Welt auf Ihrer Seite haben – wer anderer Meinung ist, wird in der Regel anderer Meinung bleiben. Also keine Missionierungsversuche!

GASTFREUNDSCHAFT IST HEILIG.

Wenn jemand Sie bewirtet oder sogar bei sich übernachten lässt, müssen Sie sich als dankbarer Gast erweisen. Also keine Mäkelei über das Essen, kein Nörgeln über eine zu harte oder zu weiche Matratze.

### SAGEN SIE ÜBER ABWESENDE NUR DAS, WAS SIE IHNEN AUCH INS GESICHT SAGEN WÜRDEN.

Wer nie über Abwesende lästert, wird sich nie rechtfertigen oder entschuldigen müssen, wenn der oder die Verspottete irgendwie von den Tiraden erfahren hat.

### NEHMEN SIE RÜCKSICHT!

Nächtliches Getrampel im Treppenhaus, lautes Motorengeheul beim morgendlichen Start zur Arbeit – alles, was uns an anderen nervt, nervt andere auch an uns (siehe auch Regel Nr. 1).

### WER SCHLÄFT, SÜNDIGT NICHT, UND WER SCHWEIGT, KANN NICHTS FALSCHES SAGEN.

Schlagfertigkeit ist eine besondere Gabe, doch wer allzu schnell mit Kommentaren bei der Hand ist, kann auch mal böse danebenliegen. Im Zweifel lieber mal nichts sagen, nur interessiert lächeln, das erspart die Bekanntschaft mit Fettnäpfchen.

## Komm mir nicht zu nahe! Die Kunst der richtigen Distanz

Da steht man auf einem menschenleeren Bahnsteig, plötzlich taucht ein Reisender auf. Was macht er? Stellt sich in zwei Meter Abstand auf. Oder im Restaurant. Sie und Ihre Freundin waren als Erste da, und weil Sie Ihre Ruhe haben wollen, setzen Sie sich ganz hinten in die Ecke. Die Nächsten, die reinkommen, hocken sich garantiert an den Tisch, der direkt neben Ihrem steht – obwohl noch neun andere frei sind. Warum manche Leute kein Gefühl für Distanz haben, lässt sich nicht erklären, Tatsache ist aber: Wenn uns Mitmenschen zu dicht auf die Pelle rücken, werden wir nervös oder sogar unleidlich, und das wiederum erschwert die Höflichkeit ungemein. Deshalb sollte jeder die folgenden Distanzregeln kennen und beherzigen.

**1. Regel:** Nähern Sie sich keinem Menschen ungebeten auf mehr als etwa 60 Zentimeter, es sei denn, Sie sind sehr vertraut miteinander. Ausnahme: Situationen, in denen es aufgrund der räumlichen Enge unvermeidbar ist. Dort gilt dann die 2. Regel.

**2. Regel:** Wenn sich der Mindestabstand aus praktischen Gründen nicht einhalten lässt (wie in Warteschlangen, Flugzeugen, Fahrstühlen, Zugkorridoren etc.), dann gehen Sie wenigstens symbolisch auf Distanz. Sprich: Blickkontakt meiden, anderen nicht ins Gesicht atmen, den Kopf wegdrehen, Berührungen so weit wie möglich reduzieren.

**3. Regel:** Fassen Sie niemals ungefragt einen anderen Menschen an, es sei denn, Sie kennen sich gut. Es ist ein absolut indiskutabler Einbruch in die Distanzzone, Frauen auf Partys (und erst recht in einem anderen Umfeld) die Hand auf die Schulter zu legen, über den Oberarm zu streicheln oder an den Rücken zu fassen. Auch sehr unangenehm: Zwecks besserer Verständigung so dicht ins Ohr zu sprechen, dass der andere schon den Atem spürt (oder gar die feuchte Aussprache).

**4. Regel:** Wenn die Situation das Anfassen eines fremden Menschen nötig macht, zum Beispiel wenn Sie ihn stützen oder ihm sonst wie behilflich sind, dann darf diese zeitweise Aufhebung der Distanz in keinem Fall und in keiner Weise ausgenutzt werden. Das gilt auch und gerade bei attraktiven Frauen! Denken Sie an diese Regel, wenn Heidi Klum das nächste Mal vor Ihnen stolpert und Ihnen in die Arme fällt!

## Das ging daneben! Die 7 schlimmsten Fettnäpfchen und wie Mann sie vermeiden kann

### 1. DAS KRANKHEITS-FETTNÄPFCHEN

Fast immer kommt irgendwann das Thema Krankheit auf, und schon ist ein Schlauberger mit unqualifizierten Weisheiten zur Stelle. Wetten, dass jemand dabei steht, der genau dieses Leiden hat oder hatte und das Thema als Betroffener ganz anders sieht?

Vermeidungsstrategie: Wenn das Gespräch auf Krankheit kommt, möglichst schnell das Thema wechseln oder nichts außer unverfänglichen Gemeinplätzen dazu sagen, zum Beispiel: «Muss schlimm sein, wenn man davon betroffen ist.»

### 2. DAS TODESFALL-FETTNÄPFCHEN

Sie stehen nach der Arbeit mit ein paar Leuten aus Ihrer Abteilung an der Theke, schwadronieren über Tod und Sterben, und alle lachen sich schlapp, so nach dem Motto: «Die blödeste Todesart ist ...» Nur der neue Kollege ist plötzlich merkwürdig ruhig und sagt ganz wenig. Später erfahren Sie, dass er vor drei Monaten seine Frau verloren hat.

Vermeidungsstrategie: Bei allem Sinn für schwarzen Humor sollte man immer so über das Thema reden, als wenn jemand anwesend wäre, der gerade einen schweren Verlust erlitten hat.

### 3. DAS VERWANDSCHAFTS-FETTNÄPFCHEN

Kennen Sie diesen alten Kalauer von dem Mann, der zu einem Kollegen sagt: «Guck mal die da, die ist aber hässlich», und der darauf antwortet: «Das ist meine Frau»? So etwas passiert auch im wirklichen Leben, und zwar in allen Varianten, sei es, dass der als doof dargestellte Chef der Onkel von irgendjemandem ist oder die unsympathische Fernsehansagerin die Schwester eines anderen. Merke: Nach demselben Prinzip funktioniert das Enge-Freunde-Fettnäpfchen, also Vorsicht, man weiß nie, wer mit wem schon seit Sandkastenzeiten ein Herz und eine Seele ist.

Vermeidungsstrategie: Wer sich an die Grundregel hält, über Abwesende immer so zu reden, als wären sie anwesend, kann dieses Fettnäpfchen zu 100 Prozent vermeiden.

### 4. DAS GESCHMACKS-FETTNÄPFCHEN

Es macht wahnsinnig Spaß, gemeinsam über Geschmacksverirrungen zu lästern. Solange dabei alle auf einer Linie liegen, hält sich das Fettnäpfchen-Risiko in Grenzen; vor Überraschungen ist man trotzdem nie sicher. Wenn Sie verkünden, dass Sie sich ums Verrecken nicht in einen Opel setzen würden, kann sich Ihr Kollege als Sohn eines Opelhändlers entpuppen – oder, noch schlimmer, als begeisterter Opelfahrer.

Vermeidungsstrategie: Grundsätzlich eher zurückhaltend lästern, dann sind Sie auf der sicheren Seite. Ansonsten nur über Dinge herziehen, die garantiert alle in der Runde doof finden, zum Beispiel Jogginganzüge oder Unterhosen mit Eingriff. Vorsicht bei Leuten, deren Präferenzen Sie nicht kennen!

## 5. DAS NATIONALITÄTEN-FETTNÄPFCHEN

Es ist okay, ein Land wegen seiner Politik oder eines allgemein bekannten Missstandes zu kritisieren, abwertende Pauschalurteile über die Menschen sind dagegen einfach nur dumm. Und meistens rächen sich dämliche Sprüche sofort, etwa weil sich herausstellt, dass einer der Anwesenden mit einer Frau aus dem betreffenden Land verheiratet ist.

Vermeidungsstrategie: Sparen Sie sich generell Werturteile über andere Länder und deren Leute, aus Prinzip und weil Sie dadurch viele peinliche Situationen vermeiden.

## 6. DAS POLITIK-FETTNÄPFCHEN

Beim Thema Politik nehmen wir oft automatisch an, dass Bekannte oder Kollegen ähnliche Auffassungen haben wie wir selbst, besonders wenn man sonst auch auf einer Wellenlänge liegt. Genau das ist aber nicht immer der Fall. Und so passiert es dann, dass wir gerade den Bundeskanzler bzw. die Führung der Opposition durch den Kakao ziehen und sich der Mann aus dem Nebenbüro als treuer Anhänger des Spottobjekts outet.

Vermeidungsstrategie: Hier hilft nur eins: Wir müssen uns ständig daran erinnern, dass wir nie von uns auf andere schließen dürfen. Auch wenn es uns sonnenklar erscheint, dass die Ökosteuer richtig ist, sind andere davon nicht unbedingt genauso überzeugt.

#### 7. DAS RELIGIONS-FETTNÄPFCHEN

Neben Krankheiten und Politik sind die Themen Glauben und Religion mit Fettnäpfchen geradezu gepflastert. Denn erstens sind viel mehr Menschen religiös, und zweitens sind sie dies in weitaus variantenreicherer Weise, als man landläufig annimmt. Es reicht also nicht, die Anwesenheit von Katholiken, Protestanten, Moslems oder Juden einzukalkulieren, auch Hindus, die Zeugen Jehovas, Mormonen oder Voodoo-Anhänger könnten in der Nähe sein.

Vermeidungsstrategie: Wer sich nicht blamieren will, sollte einfach niemals abschätzig über Religionen oder Glaubensrichtungen reden. Das schließt übrigens auch solche ein, die allgemein (oder in den Medien) einen eher schlechten Ruf haben, wie etwa bestimmte Sekten. Jeder hat das Recht zu glauben, was er will, selbst wenn es uns noch so merkwürdig vorkommt.

## Aus Fehlern klug werden: Wie Mann am besten mit Benimm-Pannen umgeht

### Wenn Sie selbst einen Fehler gemacht haben

Fehler macht jeder mal, der Meister des guten Tons ist daran zu erkennen, wie er mit dem Lapsus umgeht. Wer richtig reagiert, kann größeren Schaden in aller Regel noch verhindern, richtig peinlich wird es dagegen, wenn sich der Ausrutscher durch missglückte Rettungsversuche zur echten Katastrophe auswächst. Was also tun? Das kommt auf die Art des Schnitzers an, Sie haben die Wahl zwischen folgenden Maßnahmen:

#### 1. MASSNAHME: Ignorieren

Das geht natürlich nicht immer, bei kleineren Fehlleistungen ist es aber wirklich oft das Beste, einfach weiterzumachen und so zu tun, als wäre nichts passiert. Beispiel: Ein Markklößchen kullert von Ihrem Löffel und plumpst zurück in die Bouillon. Unweigerlich werden ein paar Suppenspritzer auf dem Tischtuch und Ihrer Kleidung landen. Beseitigen Sie einfach das Malheur mit der Serviette, ohne das Gespräch zu unterbrechen. Etwas anderes wäre es, wenn ein Tischnachbar Suppenspritzer abbekommen hätte.

## 2. MASSNAHME: Sich entschuldigen

Die erste und wichtigste Sofortmaßnahme bei nicht zu übergehenden Benimm-Unfällen heißt «Entschuldigung» und/oder «Tut mir Leid». Bei Kleinigkeiten ist es damit in der Regel auch schon getan, zum Beispiel wenn Sie jemanden versehentlich angerempelt haben. Ist die Angelegenheit etwas unangenehmer, etwa weil Sie jemandem ein Glas Wein auf den Anzug gekippt haben oder eine Vase zu Bruch gegangen ist, kann eine schriftliche Entschuldigung angebracht sein. Bei materiellem Schaden gilt immer: Die Entschuldigung sollte unbedingt mit der Ankündigung einer Wiedergutmachung verknüpft werden, mindestens aber mit dem ehrlich gemeinten Angebot eines finanziellen Ausgleichs (siehe nächsten Punkt).

## 3. MASSNAHME: Schaden wieder gutmachen

Theoretisch klingt das ganz einfach: Was Sie beschädigt oder zerstört haben, müssen Sie reparieren lassen oder ersetzen. Praktisch kann das aber kompliziert werden. Manche Dinge haben keinen messbaren Wert. Es gibt Erbstücke, die objektiv betrachtet Tinneff, ihren Eigentümern aber lieb und teuer sind. Andere Dinge lassen sich auch mit viel Geld nicht ersetzen, weil man sie einfach nicht wiederbeschaffen kann, wie Kunst-Unikate, Sammlerstücke oder technische Geräte von anno dunnemals. In solchen Fällen ist größtes Fingerspitzengefühl gefordert. Wenn Sie während einer Mahlzeit den unersetzbaren Tischleuchter von Tante Käthe selig ramponiert haben, könnten Sie die mündliche oder schriftliche Entschuldigung mit einem angemessenen Geschenk anreichern. Suchen Sie entweder etwas aus, was im Bezug zum kaputtgemachten Gegenstand steht, im Falle des Leuchters etwa einen schönen Kerzenständer, oder besorgen Sie etwas, das der Geschädigte besonders gern hat (zum Beispiel Malt Whisky oder eine CD von seinem Lieblingsmusiker). Bei guten Freunden fällt dies leicht, weil Geschmäcker und Vorlieben bekannt sind. Ist das Malheur auf fremdem Terrain passiert, darf das Präsent etwas unpersönlicher, keinesfalls aber zu popelig ausfallen. Pralinen sind nur dann okay, wenn sie von wirklich guter Provenienz sind und nicht von der allseits bekannten Discountermarke. Auch ein schöner Blumenstrauß ist in Ordnung – aber bitte nicht so ein billiger, schon fertig gebundener von der Tankstelle.

So extrem muss ihre Entschuldigung bei einem kleinen Fehltritt nun wirklich nicht aussehen.

## Wenn ein anderer einen Fehler gemacht hat

### 1. MASSNAHME: Darüber hinwegsehen

Wenn einem anderen ein kleiner Schnitzer unterläuft, sollten die Anwesenden dezent darüber hinwegsehen, das ist für alle Beteiligten das angenehmste. Wenn doch jemand auf den Vorfall reagiert, können die anderen erst mal weiterhin so tun, als hätten sie nichts bemerkt. Manchmal fällt dann der Groschen auch bei demjenigen, der etwas gesagt hat, und er hält nun den Mund. Wenn nicht, müssen andere Maßnahmen ergriffen werden.

### 2. MASSNAHME: Situation entschärfen

Wenn ein Ignorieren nicht mehr möglich ist, gilt es, die Situation zu entschärfen. Ein Scherz ist dabei nicht immer die optimale Lösung, denn allgemeines Gelächter wird der Verursacher auf seinen Lapsus beziehen. Besser: Den Tollpatsch als Opfer hinstellen und ihm dadurch die Schuldgefühle nehmen. Hat er zum Beispiel auf einer Stehparty einen Beistelltisch mitsamt Lampe und Vase umgestoßen, könnte der Gastgeber sagen: «Tut mir Leid, der Tisch war da einfach im Weg.» Das erspart dem Verursacher zwar nicht die Entschuldigung, dafür steht er aber nicht als ungeschickter Trottel da.

### 3. MASSNAHME: Entschuldigung so schnell wie möglich annehmen

Wenn einer was Dummes getan oder gesagt hat und er so höflich ist, sich sofort zu entschuldigen, gibt es nur eins: die Entschuldigung sofort und ohne Umschweife anzunehmen. Wer es besonders gut zu meinen glaubt und darauf besteht, dass der andere sich nicht zu entschuldigen brauche, verlängert nur unnötig die Leidenszeit desjenigen, der den Missgriff begangen hat. Davon abgesehen sind solche Diskussionen (besonders im Beisein Dritter) unhöflich, denn sie treiben den Verursacher immer tiefer in die peinliche Situation hinein. Er will sich entschuldigen? Bitte sehr, lassen Sie ihn – und danach: Schwamm drüber.

### 4. MASSNAHME: Details unter vier Augen besprechen

Wenn es um mehr als eine zerbrochene Vase oder ein Brandloch im Sofakissen geht, also etwa um eine grobe Taktlosigkeit, die ein anderer aus Versehen oder Frechheit von sich gegeben hat, dann sollte die Angelegenheit eventuell ausführlicher beredet werden. Das muss dann aber unbedingt zu einem späteren Zeitpunkt und unter vier Augen geschehen. Es hat nämlich noch nie geschadet, wenn sich alle zunächst ein bisschen beruhigen, außerdem ist eine offene Aussprache nur unter den Betroffenen möglich. Diskretion gebietet sich übrigens auch bei materiellen Schäden. In aller Öffentlichkeit zu diskutieren, was die lädierte Stehlampe wirklich wert ist, wäre sicherlich keine gute Idee.

# Begrüßung und Smalltalk

## Darf ich vorstellen?

Die Regeln, nach denen man sich oder andere vorstellt, basieren auf der Annahme, dass Menschen innerhalb einer Gesellschaft unterschiedliche Ränge innehaben. Heute ist diese Idee zwar vielen völlig fremd, trotzdem gibt es nach wie vor Personen, die aus irgendeinem Grund besonderen Respekt oder wenigstens eine gewisse Achtung beanspruchen können. Wer die Kandidaten für eine Sonderstellung sind, hängt von Situation und Umfeld ab. Im Job sind es die Vorgesetzten, bei der Familienfeier die Oldies, auf einem offiziellen Empfang die Repräsentanten des Staates und hohe Würdenträger (nicht als Individuen, sondern in Ausübung ihres Amtes). Wer religiös ist, zählt auch die Geistlichen seiner Glaubensrichtung dazu, also zum Beispiel den Pastor, den Rabbi oder den Imam.

Die Frage des Ranges interessiert uns benimmtechnisch insofern, als sie darüber entscheidet, wer wem vorgestellt wird. Es gilt nämlich die Regel: Der Rangniedrigere wird dem Ranghöheren vorgestellt. Wenn Sie zum Beispiel der Queen begegnen, wird ein Höfling der Königin erklären, wer da vor ihr steht – und nicht umgekehrt. Nicht nur weil sie als Monarchin VIP-Status genießt, sondern weil jeder Mensch auf dieser Welt die Frau kennt, sie aber umgekehrt nicht jeden Untertan. Genauso würde es ablaufen, wenn Sie den Bundeskanzler, den Papst oder den Dalai Lama treffen würden – man sagt dem Promi, mit wem er es zu tun hat. Was passiert aber, wenn niemand dabei ist, der diesen Präsentations-Job erledigt?

Die Reihenfolge nach Rang gilt auch, wenn zwei Menschen ohne dienstbare Begleitung aufeinander treffen. Wenn Ihnen auf dem Flur zufällig der Papst über den Weg läuft, müssten Sie sich vorstellen, denn Sie sind aller Voraussicht nach der Rangniedrigere. Vorausgesetzt, Sie wissen, wer der Herr in dem langen weißen Gewand ist. Aber selbst wenn Sie keine Ahnung hätten, dürfte das Kirchenoberhaupt immer noch aufgrund seiner Lebensjahre Respekt einfordern (es sei denn, Sie sind der Senior des Pontifex).

Frauen bekommen beim Vorstellen eine Extrawurst gebraten, jedenfalls in westlichen Kulturen. Hier gilt die Regel: Gegenüber ansonsten gleichrangigen Männern haben Frauen immer Vorrang. Wenn zum Beispiel der Bruder Ihrer Frau sich verlobt, wird Ihr Schwiegervater seine zukünftige Schwiegertochter auf der Familienfeier ihren Schwägern in spe vorstellen: «Cordula, das ist Peter, das ist Michael, und das ist José.» Die Sonderstellung der Frau wird allerdings dann aufgehoben, wenn der Mann deutlich betagter ist. Trifft der Großvater das erste Mal die Freundin seines Enkels, wird man die (in der Regel jüngere) Frau dem (in der Regel älteren) Herrn vorstellen.

Aber so einfach sich das theoretisch anhört, so verwirrend ist es oft in der Praxis. Man steht auf einer Party herum, und plötzlich kommt die Gastgeberin mit einem Unbekannten im Schlepptau dazu. Und schon rattern in unserem Hirn die Prozessoren: Wie alt ist der Typ? Ist er irgendwie würdevoll? Oder könnte das der Onkel sein, der aus Sizilien zu Besuch ist? Unter diesem Stress verlieren wir schnell mal den Überblick, und heraus kommt Schweigen und verlegenes Grinsen. Ein versierter Gastgeber lässt seine Gäste niemals mit dem Vorstellungsritual alleine, sondern löst den Knoten mit den Worten: «Das ist Robert, ein alter Freund aus Schultagen. Ich habe ihm schon viel von euch erzählt.» Jetzt sagen einfach alle ihre Namen, und schon ist das Thema gegessen.

*Kleiner Tipp* Jeder kennt diese nervige Szene: Zwei Pärchen treffen aufeinander und alle Beteiligten strecken zur Begrüßung ihre Hände aus. Will dann einer der Männer die Hand eines anderen Mannes ergreifen, zieht der sie zurück, nicht ohne laut und vernehmlich «Zuerst die Dame» oder «Wir wollen doch die Reihenfolge einhalten» zu dozieren und seine Flosse dann der Frau daneben hinzuhalten. Der Schlauberger freut sich dabei immer wie ein Schneekönig, weil er glaubt, alles richtig gemacht zu haben. Irrtum, denn ihm sind gerade zwei grobe Schnitzer unterlaufen. Erstens ist es äußerst unhöflich, eine ausgestreckte Hand zurückzuweisen. Zweitens ist es nicht korrekt, dass er der Frau die Hand entgegengestreckt hat. Denn: Nicht der Mann reicht der Frau die Hand, sondern die Frau dem Mann. Tut sie es nicht, entfällt das Händeschütteln. Und so wäre es richtig: Zuerst begrüßen sich die Frauen untereinander, dann reichen die Frauen ihre Hände den Männern, dann geben sich die Männer die Hand. Wenn das aus räumlichen Gründen nicht praktikabel ist, müssen sich natürlich nicht alle zum Händeschütteln umgruppieren – es begrüßen sich dann einfach die Nächststehenden, auch wenn dadurch die «Reihenfolge» nicht mehr stimmt. Hauptsache, die Männer warten, bis die Frauen ihnen die Hand reichen.

## «Küss die Hand» oder «gimme five»? Welche Begrüßung ist die richtige?

Im Vorbeifahren jemandem aus dem Auto zuzuwinken, das ist leicht. Doch wie begrüßt man sich beim persönlichen Zusammentreffen? Möglichkeiten gibt es viele, wir sagen, wann welche angebracht ist.

### KURZES NICKEN

Eine echte Begrüßung ist das nicht, mehr ein flüchtiges Hallo. Es reicht aus, wenn Sie jemanden vorher schon ausführlicher begrüßt haben und ihn erneut treffen. Nicken eignet sich außerdem, wenn Sie in einer größeren Menschenansammlung, zum Beispiel auf einem Stehempfang, einen Bekannten entdecken, aber keine Chance haben, zu ihm vorzudringen.

### WINKEN

Eine Spur persönlicher als das Nicken ist ein kurzes Winken. Es ist so etwas wie ein Handschlag auf Distanz, allerdings weitaus weniger förmlich. Deshalb sollten Sie auch nur Leuten zuwinken, mit denen sie auf quasifreundschaftlichem Fuß stehen, wie etwa Ihren Nachbarn, die auf dem Weihnachtsmarkt an Ihnen vorbeikommen.

### HANDSCHLAG

Der Handschlag ist in Deutschland die Universalbegrüßung, er passt fast immer und überall, ist klassenlos und in verschiedenen Varianten bei allen Alters- und Gesellschaftsgruppen beliebt und in Gebrauch. Wichtig dabei: Sehen Sie Ihrem Gegenüber beim Händeschütteln in die Augen. Und die fremde Hand nicht in Knochenbrechermanier quetschen! Umgekehrt ist nichts schlimmer, als eine schlaffe Hand zu schütteln («toter Fisch»). Fazit: Mit einem festen Händedruck sind Sie auf der sicheren Seite (vgl. S. 32).

### DIENER

Früher machten kleine Jungs beim Händeschütteln eine Verbeugung, Erwachsene dienerten vor Höherstehenden. Das ist seit langem ziemlich out, im knappen Begrüßungsnicken ist die Verbeugung allerdings in Miniaturausgabe erhalten geblieben. Als Ausdruck besonderen Respekts eignet der Diener sich nach wie vor sehr gut, allerdings ist er in keiner Weise Pflicht.

## HANDKUSS

Kommt nur richtig gut, wenn er perfekt ausgeführt wird und die Voraussetzungen stimmen: Die Frau hält die Hand so, dass sie geküsst werden kann, die Handfläche zeigt also nach unten, der Arm ist locker. Nun die Hand mit den Fingerspitzen ergreifen und mit einer leichten Verbeugung einen Kuss andeuten. Niemals wirklich die Hand abschmatzen und bitte auch nicht die Nase daran abwischen. Und: Theoretisch werden Hände nur in geschlossenen Räumen geküsst.

## BUSSI, BUSSI

Das Wort Bussi kommt angeblich von Baiser, was auf Französisch Kuss heißt (deswegen heißt der Süßkram aus Eischnee und Zucker auch so), gemeint ist der Wangenkuss. Wichtig dabei: Er wird nur angedeutet, es reicht, wenn sich die Wangen kurz berühren, die Lippen können dabei ins Leere küssen. Bitte beachten: Bussis werden nicht vom Mann verteilt, sondern von der Frau gewährt. Sie müssen also abwarten, ob sie Sie durch Hinhalten der Wange dazu auffordert oder nicht.

## UMARMUNG

Die Umarmung, mit oder ohne Handschlag, mit oder ohne Wangenkuss (ein- oder beidseitig), wird immer beliebter. Früher machte Mann das nur bei alten Spezis, guten Freundinnen und im Familienkreis, heute werden Umarmungen auch zwischen Bekannten und weniger engen Freunden ausgetauscht. Wer keine Lust hat, sich von anderen Männern umarmen zu lassen, sollte die Hand zum Gruß ausstrecken, bevor der andere sich auf einen stürzen kann. Frauen fassen Sie bei der Umarmung immer nur kurz und neutral an, niemals grabbeln oder drücken!

## Handschlag: Darauf muss Mann achten

### 1. Aufstehen

Es wirkt extrem bräsig und unhöflich, anderen Leuten sitzend die Hand zu schütteln. Erheben Sie sich also, wenn Ihnen jemand zum Gruß die Hand reicht. Ausnahme: Sie sind dermaßen zwischen anderen Leuten am Tisch eingeklemmt, dass es einfach nicht geht. Deuten Sie dann aber wenigstens ein Aufstehen an.

### 2. Hand aus der Tasche

Nehmen Sie die linke Hand aus der Hosentasche, wenn Sie mit der rechten jemanden begrüßen. Am besten, Sie gewöhnen es sich gleich ganz ab, Ihre Hände ständig in den Hosentaschen zu vergraben, das sieht nämlich meistens nicht lässig aus, sondern einfach nur unbeholfen.

### 3. In die Augen sehen

Wenn Sie jemandem die Hand schütteln, sollten Sie ihm dabei unbedingt in die Augen sehen. Gucken Sie stattdessen an die Decke oder in der Gegend umher, signalisieren Sie damit Ihr absolutes Desinteresse am Begrüßten – und können sich die Geste gleich ganz sparen.

### 4. Nicht zu stark drücken, nicht zu lang festhalten

Der Händedruck ist eine freundliche Begrüßung und kein Beweis Ihrer Stärke. Also fassen Sie die fremde Hand behutsam an, dann bitte das Loslassen nicht vergessen. Es besteht kein zeitlicher Zusammenhang zwischen der Länge Ihrer warmen Begrüßungsworte und der des Händedrucks.

### 5. Handschuhe ausziehen

Ziehen Sie sich nach Möglichkeit die Handschuhe aus, bevor Sie jemanden begrüßen, vor allem wenn der oder die andere selbst keine trägt. Nur wenn es extrem kalt ist und alle Beteiligten ihre Finger eingemummelt haben, wäre ein behandschuhter Handschlag okay. In allen anderen Fällen nicht.

## Von Professoren, Päpsten und Grafen: Leute mit Titel richtig anreden

Wer ohne Titel durchs Leben geht, also weder Doktor noch Graf ist, interessiert sich in der Regel nicht sonderlich dafür, ob akademische Rangbezeichnungen oder Adelsprädikate bei der Anrede dazugehören oder nicht. Fakt ist aber: Titel gehören zum Namen, sie einfach wegzulassen ist also nicht korrekt. Wer Peter Müller-Meier heißt, will schließlich auch nicht als Peter Müller angesprochen werden. So weit das Grundsätzliche, wie geht man aber praktisch vor? Hier die Übersicht über die wichtigsten Titel und ihre Anwendung:

### AKADEMISCHE TITEL

Voraussetzung für die Anrede mit Titel ist das Wissen um ihn. Sprich: Es muss bekannt sein, dass jemand Doktor oder Professor ist. Wird der Titel verschwiegen, legt der Betreffende meist auch keinen Wert darauf, von anderen «tituliert» zu werden, Sie können also darauf verzichten. Ansonsten sollten Sie jemanden mit Doktortitel immer erst einmal als Herrn oder Frau Doktor Soundso ansprechen, als Variante können Sie Herr oder Frau weglassen und direkt Doktor Soundso sagen (diese Anrede ist geschlechtsneutral und besonders bei Medizinern gebräuchlich). Professoren sprechen Sie mit Herrn oder Frau Professor Soundso an (oder nur Professor Soundso), andere akademische Titel werden hierzulande nicht geführt. Anders ist das in Österreich, dort heißt es auch Frau Magister oder Herr Diplom-Ingenieur. Bei mehreren Titeln verwenden Sie nur den höchsten; bei Professoren lassen Sie also den meist ebenfalls vorhandenen Doktortitel weg (allerdings nur in der mündlichen Anrede!). Hat jemand mehrere Doktortitel angesammelt, nennen Sie trotzdem nur einen und sagen nicht etwa Frau Doktor Doktor Soundso.

### ADELSTITEL

Wer einen Adelstitel trägt, kann nichts dafür (es sei denn, er hat ihn sich gekauft). Insofern gibt es keinen Grund, Blaublüter anders zu behandeln als andere Leute, weder im positiven noch im negativen Sinne. Ein Herzog verdient nicht automatisch mehr Höflichkeit, aber Sie sollten den Mann auch nicht schlechter behandeln, bloß weil Sie den Adel aus Prinzip ablehnen. Was nun die Anrede angeht: Der Titel reiht sich in der Regel zwischen Vorname und Nachname ein, einen Grafen stellen Sie also als Christoph Graf Soundso vor (oder einfach als Graf Soundso). Wenn Sie mit dem Mann dann ins Gespräch kommen, ersetzt der Titel in der Anrede das «Herr» vor dem Namen, Sie sagen also Graf Soundso, auf keinen Fall aber Herr Graf (so redet in alten Filmen der Kutscher seine Herrschaft an). Dies gilt analog auch für Gräfinnen.

## KIRCHLICHE TITEL

Von einem absolut unreligiösen Menschen kann nicht erwartet werden, dass er die genauen Anredeformen für Priester, Mönche und Würdenträger diverser Glaubensrichtungen auswendig runterbeten kann. Doch es ist auch gar nicht so wichtig, ob Sie zu einem christlichen Geistlichen Herr Pastor (Frau Pastorin), Herr Pfarrer oder Herr (oder Frau) Soundso sagen, Hauptsache, Sie sind höflich. Wie beim Adel gilt auch beim Klerus: Übertriebene Ehrfurcht ist genauso wenig angebracht wie betonte Respektlosigkeit. Ihre persönliche Meinung über die Kirche tut bei der Anrede nichts zur Sache, der Mönch in Ihrem Zugabteil hat jedenfalls keinen Einfluss darauf, was der Vatikan in dieser oder jener Frage entschieden hat. Wenn Sie es trotzdem ganz richtig machen wollen: Katholische Geistliche lassen sich als Hochwürden oder Herr Pfarrer anreden, die Protestanten bevorzugen Herr Pastor (oder Frau Pastorin). Einen jüdischen Geistlichen sprechen Sie als Herrn Rabbiner Soundso an, einen moslemischen als Herrn Imam Soundso. Die korrekte Anrede für Mönche lautet Bruder und Vorname (falls bekannt), für Nonnen Schwester und Vorname (falls bekannt). Treffen Sie einen katholischen Bischof, sollten Sie ihn als Exzellenz anreden, sein evangelischer Kollege bevorzugt das schlichtere Herr Bischof. Kardinäle tituliert man als Eminenz; sollten Sie dem Papst begegnen, sagen Sie zu ihm nicht Herr Papst, sondern «Eure Heiligkeit».

## MILITÄRISCHE RÄNGE, DIENST- UND AMTSBEZEICHNUNGEN

Militärische Rangbezeichnungen sind keine Titel im engeren Sinne, denn sie gelten nur im dienstlichen Bereich. Ist Herr Soundso also Leutnant bei der Bundeswehr, dann reden Sie ihn einfach als Herr Soundso an. Ausnahme: Herr Soundso erscheint bei einem offiziellen Anlass in Uniform, dann sollte er mit seinem Dienstgrad vorgestellt und tituliert werden. Falls Sie ihm nicht vorgestellt werden und aus den Abzeichen auf seiner Schulter nicht schlau

Auch bei der Arbeit: Jemanden mit seinem Doktortitel anzureden ist höflich und macht einen guten Eindruck.

werden, können Sie entweder nach dem Rang fragen oder nur den Namen benutzen (oft ablesbar auf einem Namensschild an der Uniform). Kein Soldat erwartet von Zivilisten die korrekte dienstliche Ansprache. Ebenso wenig werden zivile Dienst- und Amtsbezeichnungen als Titel geführt, den Schulrat Soundso sprechen Sie einfach als Herr oder Frau Soundso an. Einzige Ausnahme sind Botschafter, die Sie als Herr (oder Frau) Botschafter anreden.

*Kleiner Tipp* Titel werden in Wort und Schrift unterschiedlich gebraucht. Wenn Sie einem Akademiker einen Brief schreiben, gehören sämtliche Titel als Abkürzung auf den Umschlag. Beispiel: An Frau Prof. Dr. med. Anke Soundso oder Herrn Prof. Dr. Ing. Soundso. Der Magister bleibt meist ungenannt, es sei denn, der Briefempfänger legt besonderen Wert darauf (er wird dann an den Namen angehängt, also Herr Soundso, M. A.). Auch die meisten Diplomabschlüsse werden weggelassen, eine Ausnahme bilden die Diplom-Ingenieure, deren Kürzel «Dipl.-Ing.» in Deutschland traditionell ein hohes Prestige genießt. Andere Diplome werden nur dann erwähnt, wenn es im Job von Belang ist, so wird mancher Banker, der sein Studium als Diplom-Kaufmann abgeschlossen hat, dies gern im Briefkopf gewürdigt sehen wollen. Im Brief selbst benutzen Sie in der Anrede nur den höchsten Titel: «Lieber Herr Professor Soundso» oder «Sehr geehrte Frau Doktor Soundso» (nicht «Lieber Herr Dr. med. Soundso»). Magister und Diplome werden in Deutschland nicht in die Anrede aufgenommen, in Österreich dagegen schon (hier vorher unbedingt Erkundigungen einziehen). Wichtig: Ursprünglich gab es die akademischen Titel nur in der männlichen Form, heute führen Akademikerinnen manchmal auch den Titel Magistra oder Professorin, das fällt allerdings bei den Abkürzungen nicht ins Gewicht.

## Titel-Tabus

### 1. Titel unterschlagen

Mag sein, dass Sie nicht viel auf Titel geben und deshalb kein großes Aufheben um Ihren Doktor in Sinologie machen, andere sind stolz auf die akademische Auszeichnung und wollen mit ihr angeredet werden. Genauso hat eine Gräfin Anspruch darauf, dass dieser Teil ihres Namens nicht unterschlagen wird. Lassen Sie deshalb nie unaufgefordert Titel, egal welcher Art, einfach weg.

### 2. Ehe-Titel

Es kommt immer noch vor, dass die Frau eines Professors (oder Doktors) als Frau Professor (oder Frau Doktor) tituliert wird. Das ist natürlich Unsinn, denn akademische Titel gehen nicht durch Heirat auf den Partner über. Die Frau von Herrn Professor Schmidt reden Sie also ganz simpel als Frau Schmidt an.

### 3. Titel-Übertreibung

Einige Zeitgenossen lieben es, vorhandene Titel aufzustocken, der Magister wird kurzerhand zum Doktor befördert, der Doktor zum Professor oder ein Fähnrich zum Herrn Leutnant. Auf den ersten Blick mag das als harmlose Schmeichelei erscheinen, man kann die Titel-Vergrößerung aber auch als Geringschätzung echter Titel sehen, nach dem Motto: «Echter

Doktor oder falscher Professor, das ist mir einerlei.» Also besser bei der Wahrheit bleiben.

### 4. Titel-Anmaßung

Sich mit Titeln zu schmücken, die einem nicht zustehen, ist eine besonders peinliche Spielart der Wichtigtuerei. Die eher harmlose Form ist die oben beschriebene gelegentliche Aneignung durch Heirat – klar, ein «Herr Doktor» schmeichelt, aber wenn nur Ihre Frau promoviert hat, Sie aber nicht, dann sollten Sie diese Anrede zurückweisen. Die übleren (und für den Prahlhans gefährlicheren) Varianten sind das permanente unrechtmäßige Führen von Titeln und die Amtsanmaßung. Wer sich aus Angeberei ein Dr. auf die Visitenkarte drucken lässt oder sich als Kriminalkommissar, Pastor, Arzt oder Professor ausgibt, muss mit strafrechtlichen Konsequenzen rechnen.

### 5. Titel-Verulkung

Wenn eine Person Wert darauf legt, dass ihr Titel korrekt benutzt wird, sollte man sie deshalb nicht gleich als Spießer, Angeber oder Wichtigtuer abtun. Einen Doktortitel zu erwerben, das kostet viel Zeit und Arbeit, eine solche Leistung kann man ruhig anerkennen. Und wieso darf ein Aristo nicht stolz auf seinen Namen und seine vielleicht sehr alte Familie sein? Wer den Titel eines anderen verulkt, macht auch den dazugehörigen Menschen verächtlich – und das ist extrem unhöflich.

# *Mann* beim Essen und

# Trinken

# Mann ist, wie man isst

Zeige mir, was du isst, und ich sage dir, was du bist. Mag sein. Fast noch aufschlussreicher ist es aber, *wie* Mann isst. Currywurst und Pommes verdrückt jeder mal, aus dem Fastfood-Genuss Rückschlüsse auf Charakter, Lebensstil oder Ernährungsgewohnheiten zu ziehen wäre deshalb Unsinn. Dagegen lässt sich einiges daran ablesen, wie die Wurst (oder was auch immer) verspeist wird. Geht es appetitlich zu, oder wird einem vom Zugucken fast schlecht? Landet die Hälfte im Bart, auf der Krawatte oder dem Tischtuch, oder befördert Mann alles manierlich zum Mund? Hören wir ein Schmatz- und Schlürfkonzert, oder läuft das Essen als Stummfilm ab?

Wenn allgemein von Ess- und Tischmanieren die Rede ist, geht es meist um das gekonnte Zerlegen eines Hummers, das routinierte Verspeisen von Austern oder die Benutzung der Fingerschale. Kein Wunder, dass viele da gleich abwinken, denn mit ihrem Alltag hat das genauso wenig zu tun wie der Handkuss oder der Dresscode für den Neujahrsempfang beim Bundespräsidenten. Warum erklärt stattdessen niemand erst einmal, wie Mann sich beim Abendbrot zu Hause benehmen soll, beim Geschäftsessen mit Chef und Kollegen oder beim Date in der Tapas-Bar?

Die meisten Menschen lernen schon als Kind, ohne störende optische und akustische Begleiterscheinungen zu essen und zu trinken. Sollte diese Fertigkeit nicht zum Erziehungsprogramm der Eltern gehört haben, ist das allerdings kein Beinbruch. Essmanieren können in jedem Lebensalter erlernt werden. Jugendliche und Erwachsene haben dabei gegenüber Kindern sogar den Vorteil, dass sie eher in der Lage sind, ihre Bewegungen zu koordinieren – von der Einsichtsfähigkeit in die Vorzüge einer ästhetisch ansprechenden und allgemein akzeptierten Regeln folgenden Nahrungsaufnahme ganz zu schweigen.

## Die acht goldenen Grundregeln

Männer sind ja immer sehr kreativ im Erfinden von Ausreden, deshalb präsentieren sie auch bei Tisch sehr interessante Begründungen für ihr mangelhaftes Benehmen. Da werden die Asiaten bemüht, bei denen angeblich Schlürfen, Schmatzen und Rülpsen zum guten Ton gehören (worauf Sie sich beim Business-Trip nach Japan oder China aber nicht verlassen sollten), müssen Inder und Araber herhalten, die schließlich auch mit den Fingern essen (allerdings nach genauen Regeln), und notfalls verweist Mann einfach auf die geringe Förmlichkeit des Anlasses: «Wir sind ja hier unter uns, im Restaurant würde ich natürlich alles richtig machen.» Von wegen! Also Schluss mit diesen blöden Ausflüchten, stattdessen lieber die Grundregeln lernen und in Zukunft auch zu Hause durch korrekte Manieren glänzen. Es ist wirklich kinderleicht!

### 1. SETZEN SIE SICH RICHTIG AUF DEN STUHL UND AN DEN TISCH

Gerade, etwas weiter vorn als auf dem Bürostuhl, beim Essen nicht angelehnt, so weit vom Tisch, dass die Arme kurz über den Handgelenken auf der Tischkante liegen. Beim Essen darf weder Unterarm noch Ellenbogen den Tisch berühren.

### 2. MACHEN SIE DEN MUND ZU

Erstens ist der Anblick des halb zerkauten Speisebreis nicht besonders appetitanregend für Ihr Gegenüber, zweitens dämmen die geschlossenen Lippen die Geräuschentwicklung beim Kauen.

### 3. NEHMEN SIE DEN MUND NICHT ZU VOLL

Egal, wie hungrig Sie sind oder wie gut es schmeckt: Immer erst runterschlucken, dann nachschieben. Und immer nur so viel, dass sich die Backen nicht ausbeulen. Sonst wird es unmöglich, geräuschlos und mit geschlossenem Mund zu kauen.

### 4. VERMEIDEN SIE ALLE ARTEN VON ESS- UND SCHLUCKGERÄUSCHEN

Schlürfen, Schmatzen, geräuschvolles Schlucken und gluckerndes Trinken sind keine Musik in den Ohren der Tischgenossen, vermeiden oder reduzieren Sie diese Geräusche deshalb so weit wie möglich. Dabei helfen auch die 2. und die 3. Regel.

### 5. TUN ODER SAGEN SIE BEIM ESSEN NIE ETWAS ABSTOSSENDES ODER EKEL ERREGENDES

Wenn Sie im TV eine hochinteressante Reportage aus der Gerichtsmedizin gesehen haben, erzählen Sie nach dem Essen davon. Vermeiden Sie außerdem alles (verbal oder aktiv), was mit Verdauung, Auswurf oder Körperöffnungen zu tun hat.

### 6. NICHTS DARF DEN MUND JE WIEDER DURCH DEN MUND VERLASSEN

Egal ob Sie sich an dem Stück Huhn gerade den Mund verbrennen oder das Curry verteufelt scharf ist – spucken Sie niemals etwas auf Teller, Gabel oder Löffel zurück, immer tapfer runterschlucken. Wenn Sie die 3. Regel befolgt haben, wird es gehen.

### 7. HANDHABEN SIE DAS BESTECK WIE VORGESEHEN

Das Messer gehört in die rechte Hand, die Gabel in die linke (nur bei Linkshändern umgekehrt). Behalten Sie immer beide Besteckteile in den Händen, auch wenn sie momentan nur eines benutzen, nach dem Schneiden also nicht das Messer ablegen. Löffel immer allein benutzen, nie Löffel und Messer oder Löffel und Gabel (Ausnahme: Manche asiatischen Gerichte werden mit Löffel und Gabel gegessen).

### 8. BENUTZEN SIE GESCHIRR UND BESTECK BESTIMMUNGSGEMÄSS

Tassen haben einen Henkel, weil sie mit einer Hand gehalten werden, nicht mit beiden. Teller und Schüsseln haben keine Henkel, weil Sie daraus nicht trinken sollen. Das Messer ist keine Gabel, stecken Sie es also niemals in den Mund.

## Der Restaurant-Knigge

Die oben genannten goldenen Grundregeln gelten im Restaurant sowieso, zusätzlich sollte der Restaurant-Knigge befolgt werden. Von Anfang bis Ende beschreibt er alle wesentlichen Stationen mitsamt den dort lauernden Benimm-Problemen.

## RESERVIERUNG

Wenn Sie mit Ihrer Freundin oder ein paar Bekannten essen gehen wollen, sollten Sie sich zuallererst um die Tischreservierung kümmern. Es ist äußerst unangenehm (vor allem für denjenigen, der vergessen hat zu buchen), hungrig und durstig abgewiesen zu werden, weil das Restaurant voll ist. Je geringer die Zahl gleichwertiger Alternativen und je höher die Attraktivität der auserkorenen Küche, desto ratsamer ist die Reservierung.

Ganz wichtig: Wenn Sie verhindert sind, unbedingt rechtzeitig absagen. Die Enttäuschung des Restaurants ist in 99 Prozent der Fälle geringer als der Ärger über einen reservierten Tisch, der dann doch nicht genutzt wird.

## PARKEN

Wenn Sie mit dem Auto kommen, sollten Sie genügend Zeit für die Parkplatzsuche oder den Fußweg vom Parkhaus zum Restaurant einplanen. Bedenken Sie dabei immer, dass Frauenkleidung in der Regel wesentlich weniger warm ist als das Outfit der Männer, vor allem wenn sich alle für den Abend schick gemacht haben.

Sind Sie zu mehreren unterwegs, kann der Fahrer die anderen auch beim Restaurant absetzen und dann nachkommen. Das geht allerdings nicht, wenn Sie zu zweit ausgehen, denn es wäre unhöflich der (oder dem) allein Wartenden gegenüber. Vor allem Frauen lieben es nicht, ohne Begleitung im Vorraum oder an der Bar ausharren zu müssen.

## EINTRETEN

Es gibt zwei verschiedene Auffassungen darüber, in welcher Reihenfolge das Restaurant betreten werden soll. Die einen lassen den Mann zuerst hineingehen, damit er sozusagen die Lage peilen und eventuelle Gefahren abwehren kann, die anderen gewähren der Frau den Vortritt, da dies auch sonst üblich ist. Wie Sie sich entscheiden, ist egal, bedenken Sie aber, dass viele Frauen jeweils nur die zweite Variante kennen und sich über die erste wundern (oder sie gar als Unhöflichkeit empfinden).

Je nach Art des Restaurants hängen Sie selbst die Mäntel auf (dabei bitte den Frauen helfen) oder übergeben sie an das Personal. In gehobeneren Locations bitte nicht die Jacken über den Stuhl hängen oder auf die Sitzbank legen.

## HINSETZEN

In einfachen Restaurants suchen Sie sich selbst einen Tisch, in anspruchsvolleren Läden oder wenn Sie reserviert haben, wenden Sie sich an das Personal und lassen sich zum Tisch führen. Wenn das Restaurant voll besetzt ist, erübrigen sich Diskussionen über den Tisch. Sind dagegen noch mehrere Tische frei, können Sie bei Nichtgefallen ruhig fragen, ob Sie nicht woanders sitzen können. Häufig ist es so, dass die besser positionierten Plätze für Stammgäste freigehalten werden. Aber sofern Alternativen verfügbar sind, sollte kein Gast in Zugluft oder direkt am Weg zu den Toiletten sitzen müssen.

Frauen nehmen zuerst Platz, dabei rückt in eleganteren Häusern der Kellner den Stuhl zurecht, ansonsten können Sie selbst Hand anlegen. Ganz wichtig: Sofort nach dem Platznehmen die Serviette auf den Knien ausbreiten.

## BESTELLEN

In einfachen Restaurants (wie Wirtschaften oder Kneipen mit Gastraum) ist es üblich, ein Tellergericht zu ordern, aber sobald es etwas gehobener zugeht, gehört eine Vorspeise dazu. Doch was heißt gehoben? Ein Blick in die Karte schafft Klarheit. Wenn keine Vorspeisen ausgewiesen sind, stattdessen nur die Alternativen «Kleine Gerichte» und «Für den großen Hunger», wäre es unpassend (und ziemlich schwierig), sich eine Menüfolge zusammenzustellen. Ausnahme: Die Suppe vorweg kann man fast überall bestellen.

Finden sich Vorspeisen auf der Karte, dann nehmen Sie bitte auch eine (das gilt besonders in italienischen Restaurants, Nudeln oder Pizza als Hauptgericht isst man nur in der einfachen Trattoria oder Pizzeria). Wenn alle nur wenig Hunger haben, kann man sich auch eine Vorspeise teilen, aber einfach gar nichts vorweg zu ordern wirkt ziemlich stieselig (und knauserig). Wichtig: Ihr Hauptgericht bestellen Sie zusammen mit der Vorspeise, das Dessert und/oder Käse erst, nachdem Sie mit dem Hauptgang fertig sind.

## BEIM ESSEN

Wenn Sie mehrere Gänge essen, wird das Besteck nach jedem Gericht mit abgeräumt, also nicht die Gabel ablecken und wieder auf die Tischdecke legen. In feineren Restaurants wird man das Besteck passend zur gewählten Speisenfolge um den Platzteller herum anordnen (das ist ein großer Untersetzer, auf den die Teller gestellt werden). Wenn Sie sich zum Beispiel Fisch als Hauptgang ausgesucht haben, bekommen Sie ein entsprechendes Besteck.

Die verschiedenen Messer und Gabeln benutzen Sie mit der Vorspeise beginnend von außen nach innen, die Gläser von rechts nach links (sollten Sie mal danebengreifen, ist das nicht so schlimm, beim nächsten Gang wird frisches Besteck nachgelegt). Wird vor der Vorspeise Brot gereicht, dann brechen Sie davon kleine Stückchen ab, die Sie einzeln bestreichen und dann in den Mund befördern. Niemals die Scheibe komplett schmieren und dann davon abbeißen!

Jeder Gang bildet eine abgeschlossene Einheit, die nicht unterbrochen werden sollte. Wenn Sie auf die Toilette müssen, dann immer nur zwischen den Gängen, genauer gesagt, wenn die Teller abgeräumt worden sind. Vorher sollte auch nicht geraucht werden. Bevor Sie sich eine anzünden, fragen Sie bitte erst die anderen am Tisch um Erlaubnis (es sei denn, Sie sind unter Rauchern). Wenn Sie gefragt werden, ob Sie das Rauchen stört, sollten Sie allerdings möglichst großzügig sein, auch wenn Sie den Qualmgestank eigentlich hassen. In Europa ist es nach wie vor üblich, dass in der Gastronomie geraucht wird.

## GETRÄNKE

In einfachen Restaurants werden Getränke vorab geordert, da sie hier nicht so exakt auf das Essen abgestimmt werden müssen. In Läden mit Anspruch ordern sie vorab nur Wasser und den passenden Wein dann mit den Speisen. Ausnahme: Der Aperitif, den Sie kommen lassen, wenn der Kellner die Speisekarten verteilt. Sie brauchen heute übrigens nicht mehr überall eine ganze Flasche Wein zu nehmen, selbst Gourmet-Tempel bieten ihre edlen Rebensäfte immer häufiger glasweise oder in Karaffen an.

Wenn Getränkeflaschen oder Karaffen auf dem Tisch stehen, können Sie sich generell selbst nachschenken, sind sie auf einem Nebentisch platziert, übernimmt das der Kellner oder Sommelier. Verdursten werden Sie trotzdem nicht, denn die Profis schenken nach, sobald die Gläser halb leer sind. Möchten Sie nichts mehr, sagen Sie es freundlich oder legen kurz die flache Hand über das Glas. Sind die Flaschen zur Selbstbedienung gedacht, können Sie leere Buddeln kopfüber in den Kühler mit den Eiswürfeln stellen, das Personal wird dann fragen, ob Nachschub gewünscht ist.

Das Besteck gehört nur neben den Teller, wenn es sauber, also unbenutzt ist.

*Kleiner Tipp* Wenn Sie im Restaurant eine Flasche Wein bestellen, wird sie vom Kellner (oder dem Sommelier, sprich Weinkellner) an den Tisch gebracht, vorgezeigt und geöffnet. Danach wird Ihnen ein Probierschluck ins Glas gegossen. Entgegen der weit verbreiteten Annahme dient dieser Schluck nicht dazu, den guten Tropfen wie bei einer Weinprobe ausführlichst unter Schlürfen, Gurgeln und Kauen zu verkosten. Sinn der Übung ist lediglich, den Wein auf seine objektive Trinkbarkeit hin zu überprüfen, also festzustellen, ob er eventuell nach Korken schmeckt, zu warm oder zu kalt oder gar schlecht geworden ist. Also einfach kurz kosten, dann den Wein freigeben oder nicht. Sie können einen Wein aber nicht zurückgehen lassen, weil er Ihnen subjektiv nicht schmeckt, deswegen ist theatralisches Probieren schlicht überflüssig.

## NACHSPEISE, KÄSE, KAFFEE UND DIGESTIF

Wie oben erwähnt, wird die Nachspeise – wie der Name sagt – nach der Speise geordert. Oftmals gibt es für die süßen Sachen eine Extrakarte. Große Menüs sehen Käse und Dessert vor (in dieser Reihenfolge), ansonsten können Sie sich auch für eines von beiden entscheiden. Votieren Sie für den Käse, nehmen Sie entweder eine vorgegebene Auswahl (die sich nach der Saison und dem regionalen Angebot richten kann) oder lassen sich die ganze Palette an den Tisch bringen. Suchen Sie sich daraus bitte nur das aus, was Sie wirklich probieren möchten; sich den Teller mit zehn verschiedenen Stücken voll laden zu lassen, die Sie dann doch nicht essen, wäre stillos.

Zum Dessert können Sie einen speziellen Wein genießen, entgegen dem Trend zu trockenen Tropfen ist er in der Regel recht süß. Keine Angst, mit der Glykol-Beerenauslese aus Opas Keller hat er garantiert nichts zu tun, probieren lohnt sich also auf jeden Fall. Auch sehr lecker: Obstbrände. Zum Käse passt ebenfalls ein Dessertwein, außerdem Port oder Schampus. Beim Italiener bekommen Sie zum Dolce manchmal auch einen passenden Likör. In hemdsärmeligen Lokalen wird zu den einfachen Nachspeisen meistens nichts Spezielles bereitgehalten, Obstwasser und ein paar Liköre finden sich aber an jeder Theke.

Wer schon zum Dessert Hochprozentiges getrunken hat, wird in der Regel auf einen weiteren Digestif verzichten. Falls doch noch Bedarf besteht, eignen sich Wein- und Fruchtbrände, Grappa und Whisky. In der rustikalen

Wirtschaft tut es ein einfacher Schnaps oder Kräuterbitter, je nach Region ist die Auswahl ganz unterschiedlich.

Espresso wird längst nicht mehr nur beim Italiener angeboten, alternativ können Sie aber auch einen ganz untrendigen Filterkaffee bestellen.

## BEZAHLEN

In einfachen Lokalen sagen Sie zur Bedienung «Bitte zahlen» oder «Ich möchte bitte zahlen», die gehobenere Variante lautet: «Die Rechnung bitte.» Am liebsten sieht es der Kellner oder die Kellnerin, wenn pro Tisch nur eine Rechnung gefordert wird, Sie können die Zeche danach immer noch aufteilen. Wenn Sie paarweise unterwegs sind, geht es ganz einfach durch zwei. Wenn alle in etwa das Gleiche hatten, ist das absolut fair. Hatte aber ein Paar viele teurere Gerichte und jede Menge edlen Wein, das andere aber nicht, sollte diese Tatsache berücksichtigt werden.

Das Trinkgeld berechnen Sie prozentual zum Rechnungsbetrag, als angemessen gelten 10 bis 15 Prozent, allerdings nur bis zu einem Betrag von etwa 500 Euro. Wenn Sie zum Beispiel 830 Euro zu zahlen haben, können

Sie es bei 50 bis 75 Euro belassen, ohne als Geizhals dazustehen. Die Prozentmethode sei übrigens auch allen empfohlen, die seit der Euroumstellung nicht mehr wissen, wie viel Trinkgeld sie geben sollen – 10 bis 15 Prozent des Rechnungsbetrags sind immer noch angemessen. Simples Aufrunden ist nur bei Beträgen unter 10 Euro okay, bei einer Rechnung von 48 Euro 50 zu geben wäre dagegen zu wenig (angemessen: 5 Euro). Allerdings gilt auch: Voraussetzung für Trinkgeld ist, dass der Service zumindest zufrieden stellend war.

## WENN SIE WIEDER GEHEN

Bevor alle aufstehen, sollten Sie die Transportfrage klären: Wer fährt mit wem, wer braucht ein Taxi, wer muss eventuell zu Bus oder U-Bahn begleitet werden? Fußgänger sollten nicht selbstverständlich annehmen, dass Autobesitzer sie in entlegene Winkel chauffieren; falls jemand auf dem Weg wohnt, sollte man ihm aber in jedem Fall eine Mitfahrgelegenheit anbieten. Werden Taxis benötigt, dem Kellner rechtzeitig Bescheid geben, zum Beispiel wenn er die Quittung bringt, denn nichts nervt mehr, als wenn man nach einem schönen Abend ewig auf das Taxi warten muss. Kommt es zu Verzögerungen, sollte wenigstens einer bereit sein, solidarisch mit auszuharren, vor allem wenn das Taxi für eine Frau bestellt wurde.

Ist die Garderobe zur Selbstbedienung gedacht, gebot die Konvention früher, dass die Männer zuerst die Mäntel anziehen, damit sie danach die Hände frei haben, um den Frauen zu helfen. Viele kennen diese Reihenfolge nicht mehr, deshalb sollten Männer zuerst den Frauen in die Mäntel oder Jacken helfen bzw. sie ihnen hinhalten, dann sich selbst anziehen. Genauso wird Hilfsbedürftigen assistiert, wie etwa dem Kollegen mit dem Arm in Gips. Wenn bei der Ankunft die Mäntel vom Kellner in Empfang genommen und verstaut worden sind, muss beim Gehen gewartet werden, bis die Sachen geholt sind. In diesem Fall hilft der Kellner beim Anziehen, die Männer dürfen ihm aber zur Hand gehen. Manche Restaurants haben eine richtiggehende Garderobe, dort ist dann ein Trinkgeld fällig.

Im Sommer verabschieden Sie sich vor dem Restaurant voneinander, im Winter besser drinnen. Ist das aus Platzgründen nicht möglich, dann machen Sie es draußen bitte kurz, statt frierende Mitmenschen noch auf den letzten Drücker in lange Gespräche zu verwickeln (Männer mit dicken Parkas werden oft sehr gesprächig, während allen anderen schon die Zähne klappern).

Wenn weibliche Teilnehmer des Abends ungern allein ins nächtliche Parkhaus gehen möchten, sollte Mann Geleitschutz bis zum Auto anbieten. Bei neuen Bekanntschaften das Angebot bitte entsprechend eindeutig formulieren, sonst kann es als plumpe Anmache missverstanden werden.

## Die 6 wichtigsten Restaurant-Don'ts

1. Nach der Bedienung schreien, pfeifen, schnalzen, schnipsen, klatschen oder mit dem Messer ans Glas schlagen.
**Besser:** Blickkontakt, Hand leicht anheben.

2. Sakko ausziehen und über die Stuhllehne hängen.
**Besser:** Kleidung passend zur Innenraumtemperatur auswählen, also auch im Winter ein leichtes Sakko.

3. Abwegige Sonderwünsche, zum Beispiel Schweineschnitzel im koscheren Restaurant oder Sojaburger im Steakhaus.
**Besser:** Gleich dahin gehen, wo das Gewünschte im Angebot ist.

4. Nach dem Aufessen oder Austrinken reklamieren.
**Besser:** Nach dem ersten Happen oder Schluck das Objekt der Beanstandung zurückgehen lassen, nur so hat das Restaurant die Chance, den Mangel zu beheben bzw. Ersatz zu leisten.

5. Als Gruppe einzeln bezahlen und damit alles aufhalten.
**Besser:** Vorher einen simplen Zahlungsmodus ausmachen, wie etwa dass einer die Rechnung vorläufig übernimmt und die Summe später unter den Anwesenden geteilt wird.

6. Lächerliche Trinkgelder, zum Beispiel 198 Euro auf 200 Euro aufrunden.
**Besser:** Je nach Zufriedenheit 10 bis 15 Prozent vom Rechnungsbetrag geben.

## Mahlzeit! Essen in 5 Varianten

«Lasst uns mal zusammen was essen.» Damit muss nicht immer ein Abend im Restaurant gemeint sein, denn das gemeinsame Speisen ist in vielen Varianten möglich. Hier die wichtigsten und was dabei benimmtechnisch zu beachten ist.

### Frühstück

ZEIT Findet meist nur am Wochenende statt, Berufstätige müssten sich sonst extrem früh treffen und danach mächtig abhetzen, um rechtzeitig ins Büro zu kommen. Ausnahme: Man ist mit Freunden zusammen im Urlaub.

ORT Café oder zu Hause. Ersteres hat den Vorteil, dass man nicht dem Geschmack und der Kochkunst eines Gastgebers ausgeliefert ist (wie zum Beispiel einem Teetrinker, der lausigen Kaffee macht – wenn überhaupt), außerdem hat niemand die ganze Arbeit mit der Vorbereitung, und die Kosten verteilen sich gleichmäßig auf alle Beteiligten. Private Frühstücke sind oft gemütlicher, dafür tut sich in mancher Küche (oder auf dem Klo) ein Abgrund von Unhygiene auf; außerdem drohen unerwünschte Frühstücksgenossen, wenn der Einladende in einer WG wohnt.

BENIMMTECHNISCH WICHTIG Beim Frühstück wird das Brot mit der Hand gegessen, gekochte Eier wahlweise köpfen (gilt nicht mehr als unfein) oder an der Spitze abpellen. Bitte immer das trinken, was vorhanden ist, also nicht auf Tee bestehen, wenn der Gastgeber nur Kaffee im Haus hat.

### Brunch

ZEIT Das Wort Brunch ist eine Kombination aus Breakfast (= Br) und Lunch (= unch), es handelt sich also um ein spät angesetztes Frühstück, das in die Mittagszeit hineinreicht und bei dem deshalb auch warme, herzhafte Speisen gegessen werden.

ORT Café, Hotel, Restaurant oder bei jemandem zu Hause. Am beliebtesten und bequemsten für alle ist das Zusammentreffen in der Gastronomie, weil sie maximale Auswahl bei minimalem Arbeitsaufwand für den Einzelnen bietet (mal abgesehen von der Anfahrtszeit). Da die Speisen in der Regel pauschal bezahlt werden und man nur die Getränke einzeln löhnen muss, kann jeder seine Ausgaben ziemlich genau steuern. Im Gegensatz zum reinen Frühstück ist mäßiger Alkoholgenuss beim Brunch völlig okay, typische Getränke wären Prosecco, Weizenbier oder Weinschorle – für viele ein Vorteil dieser Variante.

BENIMMTECHNISCH WICHTIG Den Teller am Büfett nur mäßig beladen, lieber mehrmals gehen. Den anderen auch mal etwas mitbringen, vielleicht etwas Brot oder einen Teller mit Aufschnitt. Ausgesprochene Frühstücksgerichte werden mit der Hand gegessen (Brötchen mit Marmelade etc.), warme Speisen dagegen wie beim Mittagessen mit Messer und Gabel oder Löffel. Herzhaft belegte Brote können wahlweise mit Messer und Gabel oder auch mit der Hand verspeist werden (dann das Brot möglichst häppchenweise belegen und ohne Geschmiere als Ganzes in den Mund stecken).

## Mittagessen

ZEIT Hängt von den Beteiligten ab, in der Regel zwischen 12 und 14 Uhr. Häufig wird die Zeit durch die Mittagspause vorgegeben, denn die gemeinsame Mahlzeit ist eine praktikable Möglichkeit für Berufstätige, unter der Woche Freunde zu treffen (wenn auch nur kurz).

ORT Von Montag bis Freitag fast immer Café, Bar oder Restaurant, denn Berufstätige können schlecht mal eben zwischendurch etwas kochen. Am Wochenende auch zu Hause, allerdings sind Privateinladungen zum Mittagessen hierzulande eher unüblich, Ausnahme bilden Feiern im Familienkreis (Geburtstage, Hochzeitsjubiläen etc.).

BENIMMTECHNISCH WICHTIG Mittags ist es nicht immer angesagt, Alkohol zu trinken. Das gilt vor allem für Leute, die anschließend wieder ins Büro müssen. Denn selbst wenn Sie promillemäßig im Rahmen bleiben, macht sich auch ein kleines Gläschen durch eine Fahne bemerkbar. Außerdem wichtig: Die Bestellung dem Zeitrahmen anpassen, soll es schnell gehen, auf Vorspeise und/oder Dessert verzichten.

*Kleiner Tipp* In Benimmbüchern wird häufig darauf hingewiesen, dass man den Tischgenossen nicht «guten Appetit» wünschen soll, stattdessen einfach loslegt, sobald der Gastgeber angefangen hat. Genaue Begründungen gibt es für das Verbot nicht, in der Regel wird die Guten-Appetit-Floskel aber als etwas Spießiges hingestellt. Das ändert jedoch nichts an der Tatsache, dass wir eine ziemlich unhöfliche Figur machen, wenn wir das freundlich gemeinte «Guten Appetit» nicht umgehend und genauso freundlich zurückgeben – ganz egal, wie toll wir mit dem schweigenden Drauflosessen in der Highsociety punkten würden. Was also tun? Überall, wo es gemütlich und entspannt zugeht, also in Wirtschaften, Kantinen, am Abendbrot- oder Küchentisch, können Sie getrost «guten Appetit» wünschen. Wann immer Sie unsicher sind, ob die Worte angemessen wären oder nicht, warten Sie einfach ab, was die anderen tun. Wenn der Chef bei einem Geschäftsessen nichts sagt, werfen Sie besser kein herzliches «Guten Hunger» in die Runde, wünschen sich dagegen alle anderen guten Appetit, dann schließen Sie sich auf jeden Fall an. Auf ein Wort sollten Sie aber immer verzichten: Mahlzeit.

## Nachmittagskaffee oder Teatime

ZEIT Zwischen 15 und 17 Uhr. Muss nicht zum spießigen Kaffeeklatsch ausarten. Hat in der richtigen Location mit gutem Kaffee oder Tee und leckerem Gebäck durchaus Stil.

ORT Café, Bar, Hotellounge oder bei jemandem in der Wohnung. Die Gastronomie hat (mal wieder) den Vorteil, dass sich niemand Arbeit machen muss. Dafür ist das Kaffee- oder Teetrinken auswärts aber oft auch ganz schön teuer, ganz zu schweigen von dem Zigarettenqualm, der die Nichtraucher stören kann. Heimische Kaffee- oder Teerunden kranken dafür gelegentlich an den angebotenen Backwaren, die nicht immer besonders lecker sind, aber klaglos gegessen werden müssen, weil man sonst den Gastgeber beleidigt.

BENIMMTECHNISCH WICHTIG Wie beim Frühstück ist es auch hier unhöflich, im Hause eines Gastgebers Wünsche zu äußern, die Umstände machen oder schlichtweg nicht zu erfüllen sind. Außerdem sollte man sich mit der Kritik an Getränken («Der Milchschaum ist aber nicht so schön wie in Italien») oder Speisen («Ich mag kein Vollkornmehl») zurückhalten.

## Abendessen

ZEIT Ein gemeinsames Abendessen mit Freunden findet in aller Regel etwas später statt, also ab ca. 20 Uhr. Berufstätige haben so die Chance, sich nach dem Job frisch zu machen, umzuziehen oder noch kurz auszuruhen, und der Gastgeber hat ein wenig mehr Zeit für die Vorbereitungen.

ORT Entweder Restaurant oder Privatwohnung. Wenn nicht einer alle einlädt (zum Beispiel weil er etwas feiern möchte), zahlt jeder für sich oder die Rechnung wird geteilt, das Restaurant ist dann von den Kosten her eine ziemlich gerechte Variante. Wer zu sich nach Hause zum Essen lädt, trägt dagegen sämtliche Kosten (Geld einzufordern wäre extrem schlechter Stil) und hat obendrein die Arbeit. Dafür macht es aber auch sehr viel Spaß, gute Freunde zu bekochen – und die Atmosphäre ist immer wesentlich intimer als im Restaurant. Allerdings braucht ein solcher Abend immer eine gewisse Vorlaufzeit, für spontane Verabredungen nach einem langen Arbeitsstag ist das Auswärts-Essen deshalb das einzig Wahre.

BENIMMTECHNISCH WICHTIG Bei der Wahl der Lokalität kommt es auf Ihr Fingerspitzengefühl an. Die Geschmäcker und Ansprüche sind oft sehr verschieden, der eine ist Gourmet (oder hält sich dafür), ein anderer steht auf die großen Portionen beim Chinesen, und ein Dritter geht grundsätzlich nur in italienische Restaurants. Es ist ratsam, sich der Mehrheit anzuschließen, auch wenn man damit gegen die eigenen Gewohnheiten verstößt. Als einziger Sushi-Fan in der Belegschaft die Kollegen zum Besuch beim Japaner zu bequatschen ist absolut müßig – und falls es doch gelingt, sind Sie nachher Schuld, wenn es den anderen nicht geschmeckt hat.

*Kleiner Tipp* Wenn Sie Kollegen, Freunde oder die liebe Verwandtschaft zum Essen einladen, sollten Sie sich ein paar Gedanken über die Sitzordnung machen. Sonst glucken automatisch immer die gleichen Leute zusammen, Schüchterne bleiben außen vor, und Sie selbst finden sich plötzlich an der Ecke des Tisches wieder, von der aus Sie den weitesten Weg in die Küche haben. Die Regeln sind ganz einfach. Erstens: Die Gastgeber (also zum Beispiel Sie und Ihre Frau / Freundin oder Ihr Freund) sitzen an den beiden Kopfenden, also den kurzen Seiten eines rechteckigen Tisches. Falls es so was wie einen Ehrengast gibt, sollte der neben Gastgeber oder Gastgeberin platziert werden: Nach der so genannten deutschen Tischordnung sitzt die Oma rechts vom Gastgeber, der Onkel aus Amerika links von der Gastgeberin. (Nach der «internationalen Tischordnung» sitzt der Onkel als männlicher Ehrengast rechts von der Gastgeberin.) Zweitens: Paare jedweder Art werden auseinander gesetzt, allerdings immer an den gleichen Tisch (falls es mehrere gibt), so kriegen sie die Chance, mal mit jemand anderem zu reden. Drittens: Männer und Frauen sollten nach Möglichkeit in «bunter Reihe» sitzen, also abwechselnd ein Mann, eine Frau, ein Mann etc.

# So benutzen Sie Gabel, Messer, Weinglas und Sektglas richtig

## Wie esse ich was? Das Wichtigste von A bis Z

### AUSTERN

Auch wenn Austern angeblich unter Schlürfen verzehrt werden dürfen – lassen Sie es lieber sein. So wie man auch Suppe lautlos essen kann, sollten Sie auch die Flüssigkeit und das Austernfleisch ohne Geräusche in den Mund fließen lassen. Wichtig: Das Fleisch muss vorher von der Schale gelöst werden, sonst kriegen Sie es nicht los. Zwar gilt es als vornehm, Austern «auszutrinken», es ist aber auch völlig okay, das Fleisch mit der Austerngabel aus der Schale in den Mund zu befördern und nur die Flüssigkeit nachzukippen.

### AVOCADO

Da sie ohnehin nicht als Ganzes, sondern in der Regel halbiert auf den Tisch kommt, ist die Sache nicht weiter wild. Einfach mit der einen Hand festhalten (mit den Fingerspitzen, nicht in die Faust nehmen) und dann das Fruchtfleisch (oder eine eventuelle Füllung) auslöffeln.

## BROT

Am heimischen Abendbrottisch und beim Verzehr der klassischen Stulle nehmen Sie das belegte Brot in die Hand und beißen ab. Wenn Brot im Restaurant vorab als Appetithappen auf den Tisch kommt, müssen Sie es grundsätzlich in mundgerechte Brocken zupfen, jeden Brocken einzeln mit Butter, Schmalz, Quark (oder was auch immer dazu gereicht wird) bestreichen und dann in den Mund stecken. Niemals die Scheibe komplett bestreichen und dann davon abbeißen. In einfachen italienischen Restaurants dürfen Sie mit dem Brot die Soße aufwischen, sobald es aber etwas vornehmer zugeht, lassen Sie das besser.

## CHICKENWINGS

So was wird nur da serviert, wo es locker zugeht, deshalb essen Sie die Teile mit den Fingern. Aber auch das geht ja manierlich.

## CROISSANT

Zwei Varianten sind erlaubt: Das Croissant quer aufschneiden und mit Butter, Marmelade etc. bestreichen, dann abbeißen. Alternativ an der Spitze beginnend Butter und Marmelade draufschmieren, abbeißen, draufschmieren, abbeißen. Franzosen lieben es, das Croissant mitsamt Butter und Marmelade in den Milchkaffee zu tunken, in anderen Ländern wird diese Essmethode allerdings mit Befremden beobachtet.

## EIER

Gekochte Eier werden geköpft oder an der Spitze angeklopft und abgepellt (dabei das Ei im Becher lassen). Eier in anderen Darreichungsformen (gebraten, gerührt, pochiert etc.) essen Sie mit Messer und Gabel.

## ERBSEN

Mit der Gabel, auf keinen Fall mit dem Messer.

## FISCH

Mit dem Fischbesteck, falls es bereitliegt, sonst mit Messer und Gabel. Für alle, die nicht wissen, wie sie ganze Fische attackieren sollen, hier zwei Methoden: 1. Erst den Kopf abtrennen (eventuell das Fleisch aus den «Wangen» essen), dann die Haut an der Flanke einritzen, zur Seite klappen und das

Fleisch von der Wirbelsäule weg vorsichtig von den Gräten schieben. Nun das Fleisch essen, danach die Mittelgräte mit Messer und Gabel packen, entfernen und die andere Hälfte verspeisen. 2. Zunächst das gesamte Fischfleisch von den Gräten trennen, und anschließend in einem Rutsch verspeisen. Wem das alles zu viel Umstand ist, der lässt das Tier gleich in der Küche oder am Tisch vom Kellner filetieren.

### GEFLÜGEL

Es ist ein Gerücht, dass Sie das Hühner-, Gänse- oder Entenbein in die Hand nehmen dürfen, um es abzunagen. Alles, was über Wachtelgröße hinausgeht, wird mit Messer und Gabel bearbeitet. Es sei denn, Sie vertilgen ein Brathuhn an der Imbissbude.

### HAMBURGER UND HOTDOGS

Natürlich mit den Händen, denn so ist das gedacht. Wer meint, Fastfood-Klassiker müssten mit Messer und Gabel gegessen werden, sitzt einfach im falschen Restaurant.

### HUMMER

Für viele ein Horror, dabei kann jeder, der ein bisschen handwerklich geschickt ist, Hummerzange und -gabel mit Erfolg einsetzen. Die Scheren knacken Sie wie eine Nuss und prökeln dann das Fleisch mit der Minigabel heraus. Der Körper des Hummers wird ohnehin mundgerecht serviert, sprich fertig zum Essen in zwei Hälften geteilt. Die sind in der Regel mit irgendwas gefüllt, Sie müssen also einfach nur den Inhalt mit Messer und Gabel verspeisen.

### KARTOFFELN

Eigentlich unproblematisch; zu erwähnen wäre lediglich, dass Sie die Kartoffeln nicht mit der Gabel zu einer unansehnlichen Pampe zerquetschen sollten, schon gar nicht gleich mehrere «auf Vorrat». Immer nur so viel mit der Gabel zerteilen, wie Sie gerade essen wollen.

### KAVIAR

Kommt er pur auf den Tisch, verspeisen Sie ihn einfach mit einem Löffel (traditionell aus Horn- oder Perlmutt, Metall geht aber auch). Da die Fischeier aber wahnsinnig teuer sind, werden sie in der Regel nur in homöopathischen Dosen verabreicht. Sie häufen ein bisschen davon auf ein kleines Stück Graubrot oder Toast und schieben den Kaviarhappen dann komplett in den Mund.

## KRABBEN

Kleine Exemplare, wie wir sie aus dem Nordseeurlaub kennen, werden von Hand «gepult». Im Restaurant kommen sie in dieser Größe nur als Teil von Meeresfrüchteplatten auf den Tisch, «pulen» ist auch hier erlaubt. Norddeutsche wissen meistens, wie es geht, für alle anderen hier die Kurzanleitung: Fassen Sie die Krabbe am Kopfende und ziehen Sie nun behutsam die harte Außenhaut herunter. Jetzt noch den Kopf entfernen und dann: Guten Appetit!

Größere Krabben werden meist unter der Kategorie «Scampi» geführt; falls sie nicht sowieso schon ohne Schale auf dem Teller liegen, lösen Sie das Fleisch mit Messer und Gabel heraus. Sie dürfen allerdings auch handgreiflich werden, aber bitte bemühen Sie sich dabei um appetitliches Vorgehen. Wenn Sie unsicher sind, ob Handarbeit erlaubt ist, dienen Fingerschalen und zusätzliche Papierservietten als sichere Indikatoren. Stehen solche Utensilien bereit, dürfen Sie zulangen, wenn nicht, im Zweifel lieber mit Messer und Gabel arbeiten. Oder: Die Scampi gleich ausgelöst bestellen.

## KREBSE

Krebse sehen aus wie Mini-Hummer, technisch können Sie deshalb auch genauso vorgehen wie bei den großen Verwandten. Häufig wird das Fleisch nach dem Kochen nur dekorativ in einen leeren Krebspanzer gelegt, Sie können es dann ohne Probleme mit der Gabel aufspießen. Bei einem richtigen Krebsessen bedienen sich alle Teilnehmer ihrer Finger, zum Schutz vor Spritzern sollten Sie auch ruhig das angebotene Lätzchen umbinden (besser beim Essen albern aussehen als den restlichen Tag oder Abend mit bekleckertem Hemd herumlaufen).

## MAISKOLBEN

Wenn sie in hemdsärmeligen Zusammenhängen serviert werden, zum Beispiel in Tex-Mex-Restaurants, amerikanischen Diners oder auf Grillpartys, können Sie die Kolben auch schon mal mit den Fingerspitzen anfassen und

abnagen. Ansonsten an beiden Enden auf Gabeln spießen und dann essen. Vorsicht, größte Spritzgefahr!

### MUSCHELN

Muscheln gibt es wie Sand am Meer, und jede Form verlangt eine etwas andere Verzehrtechnik. Miesmuscheln biegen Sie mit den Fingern ganz auf (wenn sie geschlossen sind oder sich nur schwer öffnen lassen, nicht essen, dann sind sie schlecht) und holen das Fleisch mit der Gabel heraus. Alternativ können Sie die Schale einer leeren Muschel als Pinzette benutzen. Muscheln im Stil von «Shell» essen Sie mit der Gabel, dabei darf die eine Hand die Schale festhalten.

### OBST

Obst, das am Esstisch serviert wird, zum Beispiel als Dessert, grundsätzlich mit Besteck essen, wenigstens aber mit einem Messer schälen (falls erforderlich) und in einfach zu verspeisende Stücke schneiden.

### PASTA

Italienische Nudelgerichte werden prinzipiell nur mit der Gabel gegessen. Lange Nudeln kriegen Sie in den Griff, indem Sie ein paar davon aufspießen und durch senkrechtes Drehen der Gabel auf dem Teller aufwickeln. Nicht authentisch italienisch ist es, die Gabel beim Wickeln gegen den Löffel zu drücken. Absolut tabu: Das Kleinschneiden der Pasta mit dem Messer.

Falls Sie das mit Anmut und Eleganz schaffen, dürfen Sie Soße und kleinere Nudeln mit einem Stück Brot auf die Gabel schieben.

### PIZZA

In Italien ist sie Snack oder Vorspeise und kann mit der Hand gegessen werden. Das dürfen Sie auch hier machen, allerdings wundern sich dann manche Leute. Wenn die Pizza nach amerikanischer Manier dick belegt ist, besser zu Messer und Gabel greifen, da der Belag sonst herunterfallen kann, außerdem ist er oft höllisch heiß.

### PRALINEN UND PETITS FOURS

Mit den Fingern nehmen und komplett in den Mund stecken (deswegen sind die Teile ja so klein).

## SALAT

Wenn Sie Glück haben, können Sie alles mit der Gabel in den Mund bugsieren, große Blätter dürfen aber auch unbesorgt mit dem Messer zerkleinert werden.

## SCHNECKEN

Weinbergschnecken kommen zusammen mit Zange und Spezialgabel auf den Tisch, damit können Sie das Haus festhalten und den Inhalt herausziehen. Minischnecken, wie sie auf Meeresfrüchteplatten zu finden sind, werden mit großen Nadeln um ihr Fleisch erleichtert.

## SOSSE

Wenn es vornehm zugeht, darf sie nur mit dem speziellen, besonders flachen Gourmetlöffel aufgenommen werden, ansonsten muss das, was Sie nicht mit Messer und Gabel wegkriegen, auf dem Teller zurückbleiben. Bitte nicht ewig versuchen, das Zeug doch irgendwie mit der Gabel aufzukratzen, das macht nur unnötigen Lärm. Absolut tabu ist das Soßenessen mit dem Messer, das Aufwischen mit dem Finger, das Herunterlecken vom Teller und das Austrinken (was zu Hause jeder heimlich mit dem Salatdressing macht).

## SPARERIBS

Mit Messer und Gabel hätten Sie da wenig Freude, und viel Fleisch ist ohnehin nicht dran. Also in die Hand damit und abnagen, aber bitte gesittet.

## SPARGEL

Ganz normal mit Messer und Gabel und nicht etwa mit der Hand. Nur die Köpfe zu essen ist affig, denn die Stangen sind nicht zu verachten (es sei denn, sie sind holzig).

## SPIESSE

Mit der einen Hand halten Sie den Spieß am Ende fest, die andere schiebt das Grillgut mit Hilfe der Gabel herunter. Vorsicht, sonst katapultieren Sie es auf das Hemd des Nachbarn.

### SUPPE

Natürlich mit dem Löffel, aber bitte jeweils nur so viel aufnehmen, dass nichts überläuft und zurück auf den Teller pladdert. Ist die Suppe sehr heiß, dann noch weniger nehmen und ganz vorsichtig essen, nicht pusten. Wenn die Suppe zur Neige geht, dürfen Sie in gemütlicher Runde den Teller leicht anlupfen. Handelt es sich um ein etwas offizielleres Essen, lassen Sie den Teller in Ruhe und den letzten Suppenrest zurück in die Küche wandern. Das Aufstippen mit Brot ist nur in sehr einfachen Lokalen okay.

### SUSHI

Möglichst mit Stäbchen, nicht mit Messer und Gabel. Alternativ darf man auch die Finger benutzen.

### WEINTRAUBEN

Halten Sie nicht wie die Römer im Asterix-Heft die ganze Traube über den Mund, um die Früchtchen dann einzeln mit den Lippen abzupflücken. Stattdessen trennen Sie einen kleinen Zweig vom Stiel und stecken die Beeren einzeln mit den Fingern in den Mund.

*Kleiner Tipp* Wir kennen das aus dem Flugzeug: Während wir das Standardessen mampfen, serviert die Stewardess dem Sitznachbarn ein vorbestelltes Spezialmenü, zum Beispiel ohne Schweinefleisch, weil er Moslem ist. Wenn das die Airlines bei ihren Passagieren hinkriegen, schaffen Sie das auch bei Leuten, die Sie in Ihren heimischen vier Wänden bewirten. Vorausgesetzt, Sie kennen die speziellen Diätwünsche der Gäste. Sobald Sie wissen, dass Peter Vegetarier ist, Sabine aus Allergiegründen keine Nüsse essen kann und Cordula als trockene Alkoholikerin keine Weinsoßen oder flambierten Desserts vorgesetzt bekommen möchte, dann müssen Sie das als umsichtiger Gastgeber unbedingt berücksichtigen (wer häufig einlädt, macht sich eine Liste der Spezialwünsche). Das gilt auch bei Einladungen ins Restaurant. Wenn Sie sich mit einem Vegetarier-Pärchen treffen, dann vielleicht nicht gerade im Steakhaus, sondern beim Inder. Auf gar keinen Fall dürfen Sie versuchen, einem Gast etwas unterzujubeln, was er definitiv nicht essen oder trinken will, auch wenn Sie dessen Diätregeln noch so albern oder überflüssig finden.

## Wie trinke ich was und wann?

Was soll das denn nun wieder? Ich trinke Bier, wenn ich Lust drauf habe. Klar, bloß manchmal wäre Wein vielleicht passender – sowohl zum Anlass als auch zum Essen. Überprüfen Sie also ruhig Ihre Trinkgewohnheiten, es könnte sein, dass ein bisschen Abwechslung mal ganz gut tun würde.

### KAFFEE

Kaffee ist eines der absoluten Lieblingsgetränke der Europäer, in Mittel- und Nordeuropa meist nach der Filtermethode zubereitet, im Süden fast immer mit Dampfdruck. Selbst die Briten, der Legende nach Teetrinker, greifen mit Begeisterung zum Bohnentrank. Zwischen den Mahlzeiten können Sie ihn genießen, wann und wo Sie wollen, außerdem gibt es bei uns (genau wie in vielen Nachbarländern) die Sitte des nachmittäglichen Kaffeetrinkens.

Übrigens: Die Behauptung, dass der Kenner nur morgens und vormittags Cappuccino ordert, entspricht nicht ganz den Tatsachen, denn auch in Italien werden nachmittags und abends Cappuccinotassen gesichtet. Richtig ist aber, dass ein kleiner Espresso nach dem Essen weniger belastet als die üppige Variante mit Milchschaum oder gar Sahne.

### TEE

Bei uns hat sich Tee nie auf breiter Front durchsetzen können, vielleicht weil viele von uns als Kind mit Pfefferminz- oder Früchtetee gequält wurden und bei Magen- oder Darmverstimmung mit dem gefürchteten Gebräu aus Kamillenblüten. Doch Tee ist nicht nur was für England-Enthusiasten, Warmduscher und Gesundheitsapostel, denn er kann richtig gut schmecken, und gesund ist er auch. Seine Fans trinken ihn immer dann, wenn alle anderen Kaffee trinken.

Analog zum Nachmittagskaffee gibt es den Nachmittagstee, oft klischeehaft Fünf-Uhr-Tee genannt (dabei können Sie ihn natürlich auch um drei oder um vier Uhr trinken). Wenn Sie in Großbritannien (oder von einem anglophilen Deutschen) dazu eingeladen werden, erwartet Sie neben dem Heißgetränk eine Auswahl leckerer Kleinigkeiten, meistens süß, manchmal aber auch herzhaft in Form von Mini-Sandwiches.

## WASSER

Noch vor ein paar Jahren lehnten manche Männer es rundweg ab, Wasser zu trinken, weil sie ja keine Fische seien ... Heute können Sie das neutrale Nass sogar in der Kneipe bestellen, ohne sich deshalb doofe Sprüche anhören zu müssen. In Restaurants fällt man mittlerweile eher auf, wenn man *nicht* gleich mit dem Aperitif eine große Flasche edlen (und entsprechend teuren) Wassers kommen lässt.

Abstinenzler, die das Wasser nicht zum Wein, sondern stattdessen genießen wollen, haben häufig einen Horror vor festlichen Abendeinladungen, da zum Menü diverse Weine gereicht werden. Die Sache diskret mit dem Gastgeber zu besprechen bringt in der Regel nichts, denn der denkt sich dann unweigerlich gut gemeinte, aber völlig unerwünschte Ersatzlösungen aus («Willst du eine schöne Karaffe mit Traubensaft haben?»). Noch nerviger: Er versucht, die Antialkoholiker zum Wein zu bekehren («Der Bardolino schmeckt phantastisch, koste doch mal, wenigstens ein Schlückchen») oder stellt ihnen statt diverser Weingläser nur ein einzelnes und dadurch äußerst auffälliges Wasserglas neben den Platzteller. All das kann vermieden werden, indem man das Thema gar nicht erst an die große Glocke hängt, sich also vom Wein einschenken lässt und ihn dann einfach nicht trinkt. Die Tischgenossen werden mit ziemlicher Sicherheit nicht registrieren, dass jemand beim Wasser bleibt, außerdem weiß niemand, ob das volle Glas noch das erste oder schon das zweite ist.

## WEIN

Wein ist ein vielseitiges Getränk und wird in sehr verschiedenen Zusammenhängen getrunken. Nur wer sich das klar macht und genau weiß, um welche Variante es gerade geht, wird ihn auf korrekte Art und Weise und in richtigen Maßen genießen.

- Zusammenhang 1: Wein als Begleiter des Essens, zum Beispiel im französischen oder italienischen Restaurant, im Gourmet-Tempel oder zu Hause. Bitte beachten: Nicht übermäßig zulangen, sondern immer nur ein bis zwei Gläser pro Gang. Wenn das Essen vorbei ist, wird der Wein in der Regel abgeräumt, wer dann noch Alkohol trinken möchte, muss sich an den Digestif halten.
- Zusammenhang 2: Wein als Aperitif und kleiner Schluck zwischendurch, zum Beispiel der Prosecco vorweg oder das kleine Glas Weiß-

wein, das man in Frankreich oder Italien stehend an der Bar trinkt. Auch hier ist mehrmaliges Nachordern nicht angesagt, es sollte bei einem oder zwei Gläschen bleiben.

- Zusammenhang 3: Wein als Lustigmacher oder Genuss an sich, zum Beispiel in der Weinwirtschaft an Rhein, Ahr oder Mosel und beim abendlichen Glas mit Freunden. Hier darf dem Wein (in Maßen) etwas stärker zugesprochen werden, denn man trifft sich meistens nach dem Essen oder nimmt lediglich ein paar Happen zu sich.

## BIER

Zwischen Wein- und Biertrinkern wird gern ein Gegensatz aufgebaut. Auf der einen Seite der kultivierte Feingeist und Genussmensch, auf der anderen der hemdsärmelige Normalbürger ohne Sinn für Höheres. Das ist natürlich Quatsch, denn Wein macht uns nicht zu besseren Menschen und Bier nicht zum Proleten. Verstellen muss sich jedenfalls niemand, denn in Deutschland ist es nach wie vor akzeptabel, sich zum begeisterten Biergenuss zu bekennen – Zugeständnisse an Umgebung und Anlass werden allerdings erwartet. Im Feinschmeckerrestaurant zum mehrgängigen Menü Gerstensaft zu ordern wäre stillos, als Durstlöscher vorweg ist ein Pils allerdings völlig okay. Ansonsten wird Bier fast zu jeder Tageszeit als Erfrischungsgetränk und Stimmungsheber genossen. Ein paar Gläschen dürfen Sie dabei ruhig trinken, es gelten allerdings auch beim Bier die generellen Regeln für den Umgang mit Alkohol (vgl. S. 68).

## CHAMPAGNER

Schaumwein ist der Klassiker zum Feiern und Begießen besonderer Ereignisse, aber nur der Champagner gilt im internationalen Reigen der Prickelwasser als Erster unter Gleichen. Wenn Sie den teuren Franzosen wirklich lieber mögen als seinen deutschen Kollegen Sekt, den Italiener Spumante oder den Spanier Cava, können Sie ihn in den meisten Fällen auch ruhig bestellen oder servieren. Allerdings hat man dann bei manchen Leuten schnell das Image eines Schnösels oder Angebers weg, da Champagner etwa den gleichen Promi-Status genießt wie Austern und Kaviar (obwohl Schampus bekanntlich auch bei Aldi zu haben ist). Getrunken wird er traditionell auf Stehempfängen, zum Anstoßen bei Feiern, als Aperitif vor einem Menü und manchmal auch zum Dessert. Tabu ist es, Champagner anzukündigen und dann doch «nur» Sekt oder gar Prosecco zu servieren – wenn schon, denn schon!

## WHISKY

Früher haben wir auf Feten Whisky mit Cola verdünnt, heute wird er lieber mit exakt temperiertem und passend zum Malt ausgewähltem Edelwasser genossen. Keine Frage, Whisky hat sich, ähnlich wie die Zigarre, zum Kult entwickelt. Das ist kein Grund, ihn zu verschmähen, denn er kann ja nichts dafür, dass er plötzlich als Statussymbol gilt. Sich entgegen dem eigenen Geschmacksempfinden den Whisky reinzuzwängen, nur weil er Trend ist, ist jedoch genauso unsinnig.

Die Briten trinken Whisky als Aperitif (dann gern mit Soda) oder Digestif (dann lieber pur), als letzten Schluck vor dem Schlafengehen («nightcap»), zum Aufwärmen an kalten Tagen (zum Beispiel auf der Jagd), als «Kurzen» und in der Kneipe nach oder statt Ale, Lager, Stout und Co. Bei uns ist der Whiskykonsum weit weniger alltäglich, er findet überwiegend nach dem Abendessen statt – in feinen Restaurants, in der Bar, abends zu Hause oder in speziellen Whisky-Lounges. Die Amerikaner trinken Scotch und Bourbon gern mit Eiswürfeln («on the rocks»), Briten und Malt-Freaks lieber mit ein bisschen Quellwasser (auf Zimmertemperatur).

## KLARE SCHNÄPSE

Auch wenn die Kombination aus einem Glas Bier und einem Kurzen als «Herrengedeck» bezeichnet wird, lassen doch mehr und mehr Männer die Finger davon. Schnaps und Bier, das will einfach nicht mehr so recht in die trendy durchgestylte Gastro-Welt der Bars, Cafés und Lounges passen. Wer aber die Nase über Korn, Kümmel, Aquavit und Co. rümpft, sollte nicht vergessen, dass auch der Szenedrink Wodka und das Italo-Kultwässerchen Grappa in diese Kategorie gehören. Nur dass die Lifestyle-Gurus diese beide Klaren zufälligerweise salonfähig gemacht haben.

Wer den traditionellen Kurzen trotz seines biederen Images schätzt, kann ihn getrost auch im gediegenen Ambiente bestellen. Absolut stimmig ist er zu skandinavischen Büfetts, kaltem Mittagessen oder Abendbrot (zum Beispiel Schlachteplatte oder Steak Tatar) und bei ländlich-derben Anlässen, beispielsweise einem traditionellen Grünkohlessen. Außerdem können Sie klare Schnäpse auch als Aperitif oder Digestif trinken. Allerdings immer nur einen, ansonsten droht doch noch ein Imageschaden.

### COCKTAILS

Ursprünglich war der Cocktail im weitesten Sinne ein Aperitif, man trank ihn vor dem Mittag- oder Abendessen. Dabei wurden schlichte Mischungen bevorzugt, der echte Martini (bestehend aus eiskaltem Gin mit einer winzigen Spur extratrockenem Wermut) gilt nach wie vor als Klassiker. Wer also Stil beweisen will, trifft sich mit seinen Freunden vor dem Essen in der Bar und trinkt dann eine, höchstens zwei klassische Mixturen. Nach dem Essen können Sie auf einen Absacker wiederkommen, für mehr ist das Zeug zu alkoholreich. Von bunten, zuckersüßen Party-Cocktails ist abzuraten, es sei denn, Sie beschränken sich auf einen einzigen und gehen dann zu sanfteren Getränken über.

## Extra: Alkohol – die wichtigsten Regeln für das Trinken in geselliger Runde

Wer sich gerne mal die Kante gibt, sollte das im stillen Kämmerlein oder engsten Freundeskreis tun. Starker Alkoholkonsum fällt den meisten Leuten nämlich sehr negativ auf. Gemeinerweise wird das dem Suffkopp selten offen gesagt, stattdessen lästert man hinter seinem Rücken. Wer aber die folgenden einfachen Regeln beherzigt, wird nie aus der Rolle fallen.

### BEIM MENÜ: PRO GETRÄNK HÖCHSTENS ZWEI GLÄSER

Für jeden Gang gibt es einen anderen Wein, in der Regel aber mindestens zwei verschiedene, einen roten und einen weißen. Dazu kommt der Aperitif vorweg, Port zum Käse, Schampus oder Dessertwein zur Nachspeise und danach noch ein Hochprozentiger als Abschluss. Wer davon nur je ein Glas trinkt, hat schon 5 Gläser intus, den Digestif noch nicht mitgerechnet. Wer sich auch nur einmal pro Getränk nachschenken lässt, bereits das Doppelte. Also Vorsicht!

### BEI EMPFÄNGEN: DAS ERSTE GLAS AUSTRINKEN, DAS ZWEITE NICHT

Auf Empfängen ist die Versuchung groß, einen über den Durst zu trinken, denn ständig schwebt ein Tablett mit vollen Gläsern an einem vorbei. Wer einen klaren Kopf bewahren will, sollte das erste Glas austrinken, am zweiten aber nur nippen. Solange es voll ist, wird Ihnen niemand Nachschub aufdrängen, und Sie wirken trotzdem nicht so sauertöpfisch, als wenn Sie mit leeren Händen dastehen.

## AUF PARTYS: EIN GLAS PRO STUNDE

Am Anfang stehen alle ziemlich steif herum, erst wenn jeder ein paar Gläser getrunken hat, steigt die Stimmung. Wer dann aber zu heftig zuschlägt, wird relativ schnell abbauen und bald keinen besonders spritzigen Eindruck mehr machen. Deshalb langsam trinken, am besten nur ein Glas pro Stunde. Wenn Sie gegen 21 Uhr auftauchen und um 1 Uhr wieder gehen, könnten Sie 4 Gläser Wein, Sekt oder Bier trinken. Das ist Ihnen zu wenig? Umso besser, dann haben Sie wenigstens keins zu viel.

## IN DER KNEIPE: NIE DER BESOFFENSTE SEIN

Natürlich kann und will Mann sich nicht immer mäßigen, und unter guten Freunden ist auch nichts dabei, es mal ordentlich krachen zu lassen. Doch auch im Kreise trinkfreudiger Gesellen gibt es so etwas wie einen Drink-Code. Er verlangt zum Beispiel, dass niemand sich auf Kosten der anderen durchschnorrt, wenn also rundenweise geordert wird, muss jeder mal bezahlen. Und in Sachen Betrunkenheit gilt der alte Grundsatz, dass man nie der Besoffenste sein darf. Denn nichts nervt mehr, als wenn beim feuchtfröhlichen Feiern einer nach kurzer Zeit völlig durchhängt oder gar ausfällig wird, während die anderen einfach nur gut drauf sind.

## ALLGEMEIN: EIGENE GRENZEN KENNEN, FREMDE GRENZEN RESPEKTIEREN

Im Grunde läuft es darauf hinaus, dass man so kontrolliert und bewusst mit dem Alkohol umgeht, dass Abstürze nur in Ausnahmefällen vorkommen und dann auch nur dort, wo sie das eigene Image nicht allzu sehr beschädigen (lieber zu Hause bei der Geburtstagsfeier im kleinsten Kreis statt vor versammelter Mannschaft auf dem Betriebsfest). Also nicht die eigene Grenze überschreiten, sondern immer hübsch im Rahmen bleiben. Der Respekt sollte sich aber auch unbedingt auf die Grenzen der anderen beziehen. Einen in Sachen Alkohol zurückhaltenden oder gänzlich desinteressierten Mitmenschen ständig zum Trinken nötigen zu wollen, ist extrem unhöflich, nervig und in einigen Fällen beinahe Körperverletzung, zum Beispiel wenn ein trockener Alkoholiker in Versuchung geführt wird.

# *Mann* **und Frau**

# Höflichkeit – nur zweckfrei sinnvoll!

Wer kann einen ausgemachten Flegel in einen perfekten Kavalier verwandeln? Eine Frau. Das funktioniert zwar nicht immer, doch bei vielen Männern wird wie auf Knopfdruck die Bärbeißigkeit durch Charme ersetzt – und die Jungs sind nicht wieder zu erkennen. Da wird aus dem Mantel geholfen, Kaffee geholt, Feuer gegeben und zum Essen eingeladen, geistreich gescherzt, kultiviert geplaudert und intensiv zugehört. Die Frau überrascht das meistens weniger, denn sie kennt das andere Gesicht des Charmebolzens ja gar nicht, dafür wundern sich die Geschlechtsgenossen womöglich umso mehr. Wer da nämlich so freundlich beim Einsteigen ins Auto hilft, ist sonst als wahrer Kotzbrocken berüchtigt.

Die Transformation vom Flegel zum Gentleman hat allerdings in der Regel nicht lange Bestand, meistens wird die Galanterie allmählich zurückgefahren, sobald sie ihren Zweck erfüllt hat. Und so zeigt sich nach Tagen, Wochen oder spätestens ein paar Monaten das wahre, deutlich weniger freundliche Gesicht des Mannes – zahllose Ehefrauen und Freundinnen können davon ein Lied singen. Kein Wunder, dass manche Frauen zunächst skeptisch auf Freundlichkeit und gute Manieren reagieren. Dass sie ein Mann ohne jeden Hintergedanken oder Absichten nett und zuvorkommend behandelt, können sie sich aufgrund ihrer sonstigen Erfahrungen kaum noch vorstellen. Entsprechend begeistert sind sie dann, wenn sich die Höflichkeit als echt und dauerhaft erweist und nicht nur als wohl kalkulierte Baggerstrategie.

Neben der positiven Ausnahme gibt es aber auch die negative: den Mann, der Frauen nicht mal dann höflich begegnet, wenn er etwas von ihnen will. Das muss gar nicht gleich Ausdruck von Frauenverachtung sein, viel häufiger liegt es an Bequemlichkeit (ich bin jetzt zu faul, meiner Kollegin einen Kaffee mitzubringen), Selbstverliebtheit (ich bin so toll, dass ich mir alles rausnehmen kann) oder einem sehr speziellen Sinn für Humor (ich wollte nur testen, wie sie reagiert, wenn ich ihr die Tür vor der Nase zuschlage). Oder aber es handelt sich um eine kindische Trotzreaktion auf emanzipierte und selbstbewusste Frauen, nach dem Motto: «Wenn ihr die gleichen Rechte wie die Männer wollt, dann gibt es auch keine Sonderbehandlung mehr.» Der wahrhaft höfliche Mann kann all diese Gründe nicht nachvollziehen, denn er behandelt Frauen nicht besser als Männer, sondern einfach genauso gut. Eine Strategie, die sich immer bewährt, selbst dann, wenn Galanterie als «politisch unkorrekt» abgelehnt wird. Gegen zivilisierte Umgangsformen hat nämlich niemand etwas einzuwenden.

## Die 10 Gebote für Kavaliere

Die meisten Frauen stehen auf Kavaliere der alten Schule. Das glauben Sie nicht? Dann machen Sie die Probe aufs Exempel und halten Sie sich einfach mal eine Woche testweise an diese 10 Gebote. Wetten, dass Sie danach eine ganze Ecke höher auf der Popularitätsskala der Damen rangieren? Aber: Sie müssen die Tipps aus vollem Herzen und ohne jede Ironie befolgen; wenn Frauen sich nämlich verarscht vorkommen, hat Mann keine Chance mehr.

### 1. DU SOLLST FRAUEN IN DEN MANTEL HELFEN

Was heißt das? Wenn Sie den Mantel zuerst zu fassen kriegen (ohne albernen Wettlauf), dann nehmen Sie ihn am Kragen und halten ihn der Frau hin. Wenn sie an diese Geste gewöhnt ist, wird sie sich gern helfen lassen, reagiert sie nicht, dann geben Sie ihr den Mantel einfach in die Hand, statt sie zu ihrem Glück zu zwingen.

### 2. DU SOLLST FRAUEN DEN VORTRITT LASSEN

Was heißt das? Wann immer es darum geht, dass Sie zusammen mit einer oder mehreren Frauen irgendwo hineingehen bzw. aus- oder einsteigen, sollten Sie sich nicht an allen anderen vorbeidrängeln, sondern die Frauen vorlassen. Ausnahme 1: In der Gastronomie, hier kann der Mann vorangehen, um die Lage zu peilen. Ausnahme 2: Auf steilen Treppen oder Leitern geht der Mann voran, damit er der Dame nicht unter den Rock schauen kann.

### 3. DU SOLLST FRAUEN FEUER GEBEN UND GETRÄNKE HOLEN

Was heißt das? Wenn Sie Raucher sind oder aus anderen Gründen Feuer dabeihaben, sollten Sie Frauen unaufgefordert die Zigarette anzünden. Diese Geste ist nicht nur an sich höflich, sie beweist auch Aufmerksamkeit, denn Sie haben den Wunsch schon in dem Moment antizipiert, als sie noch nach den Glimmstängeln kramte. Getränke holen Sie, wenn Sie einer Frau dadurch den Gang zu Bar, Büfett, Theke oder Kühlschrank ersparen. Der kluge Mann versorgt sich selbst zuletzt.

### 4. DU SOLLST AUFSTEHEN, WENN FRAUEN DEN RAUM BETRETEN

Was heißt das? In einer riesigen Hotelhalle müssen Sie nicht wie ein Springteufel aus dem Sessel schnellen, wenn in 50 Meter Entfernung die Kellnerin durch die Tür kommt. In kleineren Privat- oder Geschäftsräumen ist es aber nach wie vor ein Zeichen vollendeter Formen, wenn Sie sich beim Eintreten von Damen erheben und erst dann wieder hinsetzen, wenn sie sich gesetzt haben. Falls Sie in einem engen Restaurant hinter dem Tisch eingeklemmt sind, reicht auch ein angedeutetes Lupfen des Hinterns von der Sitzfläche.

### 5. DU SOLLST FRAUEN DIE AUTOTÜR AUFHALTEN

Was heißt das? Wenn Sie beide einsteigen, öffnen Sie zuerst der Frau die Tür, lassen sie einsteigen und schließen die Tür anschließend behutsam. Achtung: Weder Körperteile noch die Kleidung oder Taschenriemen sollten dabei eingeklemmt werden. Wenn Sie anhalten, um eine Frau mitzunehmen, entweder aussteigen und von außen die Tür öffnen, wenigstens aber von innen entriegeln und die Tür ein wenig aufstoßen. Nach der Ankunft steigen Sie aus, gehen um das Auto herum und öffnen die Tür, dann eventuell beim Aussteigen helfen (vor allem älteren Damen). Vergessen Sie die Prozedur, wenn die Mitfahrerin nicht auf Ihre Hilfe wartet und direkt das Auto verlässt.

### 6. DU SOLLST FRAUEN BEIM TRAGEN HELFEN

Was heißt das? Wenn Sie mit Ihrer Freundin in den Urlaub unterwegs sind, tragen Sie das schwere Gepäck und die Dame Ihres Herzens gar nichts oder nur etwas ganz Leichtes. Im Büro nehmen Sie den Kolleginnen jede Art von schweren oder sperrigen Lasten ab, also Aktenstapel, Kisten mit neuem Kopierpapier etc. Auch wildfremden Frauen sollten Sie Ihre Hilfe anbieten, wenn Sie ihnen schwer bepackt im Supermarkt oder Treppenhaus über den Weg laufen.

Kein guter Stil – die Frau alles alleine tragen zu lassen

## 7. DU SOLLST IN GEGENWART VON FRAUEN NICHT UNAUFGEFORDERT DAS SAKKO ABLEGEN

Was heißt das? Das Oberhemd war ganz früher mal Teil der Unterwäsche, deshalb gilt es nach wie vor als unpassend, es ungefragt zum Vorschein kommen zu lassen. Diese Regel mag vielen antiquiert erscheinen, Hemden mit Schweißringen unter den Achseln oder behaarte Oberarme sind andererseits auch kein so schöner Anblick, oder? Wenn Sie es gar nicht mehr in Ihrer Jacke aushalten, sollten Sie vor dem Ablegen wenigstens um Erlaubnis fragen, so erweisen Sie sich immerhin als Insider in Sachen Stil und Etikette.

### 8. DU SOLLST FRAUEN NIE KOMPROMITTIEREN

Was heißt das? Ein Gentleman genießt und schweigt, deshalb lässt er sich lieber in Stücke reißen, als eine Frau durch Schwatzhaftigkeit in Verlegenheit zu bringen. Verkneifen Sie sich deshalb alle Andeutungen, doofes Grinsen oder allzu vertraute Gesten, wenn Sie nach der Betriebsfeier die schicke Produktmanagerin abgeschleppt haben und am Morgen danach wieder im Büro auftauchen (bitte nicht zusammen hereinkommen, auch wenn sie gleichzeitig eingetroffen sind). Absolute Diskretion ist übrigens nicht nur ein Gebot für Kavaliere, sondern auch eines der wichtigsten Erfolgsgeheimnisse echter Casanovas.

### 9. DU SOLLST FRAUEN DEINEN PLATZ ANBIETEN

Was heißt das? Nicht nur aufstehen, wenn in der Straßenbahn eine Oma auf wackligen Beinen daherkommt oder eine Schwangere ihren dicken Bauch mit letzter Mühe die Stufen hinaufgewuchtet hat, sondern prinzipiell, wenn eine erwachsene Frau sonst stehen müsste – egal wie sportlich, gesund oder vital. Das gilt im Prinzip immer und überall, nur wenn Sie selbst aus irgendeinem Grund nicht ganz sicher auf den Beinen sind, dürfen Sie ausnahmsweise mal sitzen bleiben. Ausnahme: Sie sind so viel älter als die Frau, dass Sie schon Greisen-Bonus in Anspruch nehmen können.

### 10. DU SOLLST FRAUEN DEINE JACKE LEIHEN, WENN SIE FRIEREN

Was heißt das? Es wäre zu viel verlangt, der erstbesten fröstelnden Frau unaufgefordert die eigene Jacke um die Schultern zu legen, guten Bekannten, Freundinnen oder der Dame Ihres Herzens sollten Sie bei Abkühlung aber auf jeden Fall wärmende Kleidung anbieten. Auch dann, wenn Sie deshalb selbst ein wenig ins Bibbern kommen. Wichtig: Jacke oder Pullover müssen in einem appetitlichen Zustand sein, ein verschwitztes Sakko können Sie ebenso wenig offerieren wie schmuddelige Pullover. Außerdem sollten Sie bei einsetzendem Niederschlag Ihren Mantel als Regendach anbieten oder ein trockenes Plätzchen unter dem Schirm frei machen.

*Kleiner Tipp* Es soll zwar Frauen geben, die sich nichts aus Blumen machen und lieber eine Flasche Wein oder ein gutes Buch geschenkt bekommen, die meisten freuen sich aber wie Schnee(glöckchen)königinnen über einen hübschen Strauß. Vorausgesetzt, Sie beachten ein paar Punkte. Erstens: Schenken Sie Blumen nicht nur zu den üblichen Anlässen wie Hochzeitstag oder Geburtstag, sondern zusätzlich einfach mal zwischendurch.

Zweitens: Bringen Sie Blumen nicht am Abend jenes Tages mit, an dessen Morgen sich Frau oder Freundin darüber beklagt hat, dass Sie nie von Ihnen Blumen bekommt. Warten Sie lieber ein paar Tage ab, dann ist die Freude umso größer.

Drittens: Besorgen Sie nach Möglichkeit die Lieblingsblumen (bzw. Blumen in der Lieblingsfarbe), das macht doppelt Eindruck. Wichtig beim Überreichen: Immer das Einwickelpapier entfernen, Folie und Ziermanschette bleiben dagegen dran. Und: Topfpflanzen nur auf speziellen Wunsch.

## Der Date-Knigge

Dieses Buch ist keine Anleitung, wie Sie am besten ein Date klarmachen oder erfolgreich Frauen aufreißen. Hier geht es darum, wie Sie sich beim Rendezvous benehmen sollten, denn es hat noch nie geschadet, wenn Mann dabei durch gute Manieren glänzt – denn die meisten Frauen hassen Rüpelhaftigkeit. Grund genug, den Date-Knigge genau zu studieren.

### DIE LOCATION

Wie Sie es schaffen, dass sich die attraktive neue Kollegin mit Ihnen verabredet, ist Ihr Problem. Uns interessiert hier nur, wie Sie den Ablauf gestalten. Es beginnt mit der Wahl von Ort und Zeit. Wenn Sie sich in der Woche nach der Arbeit treffen, sollten Sie eine Location wählen, die Sie in Büroklamotten aufsuchen können. Ein sehr vornehmes Restaurant wäre nicht unbedingt geeignet, weil sich Ihre Verabredung dafür vielleicht lieber umziehen und aufwändiger stylen möchte. Umgekehrt ist das klassische Büro-Outfit mit Rock und hochhackigen Schuhen zu unbequem für eine Strandparty.

Wo auch immer Sie hingehen, machen Sie in jedem Fall eine klare Ansage über die räumlichen Gegebenheiten der Location. Es ist absolut unhöflich, sich in geheimnisvollen Andeutungen zu ergehen, die zu Missverständnissen führen könnten. Wenn die Dame Ihres Interesses denkt, es ginge in eine schicke Bar, und sich dementsprechend urban stylt, wird sie sich über einen Abend im Biergarten nicht freuen – weil der Kiesboden für Highheels ungeeignet ist und sie in ihrem schicken Fummel nach Sonnenuntergang garantiert friert. Und dann können Sie den Abend gleich abhaken.

Es ist situations- und typabhängig, ob Sie sich in einer Studentenkneipe oder beim Nobelitaliener treffen. Wählen Sie aber in jedem Fall nicht nur nach Ihrem eigenen Geschmack, sondern auch nach dem Ihrer Verabredung.

Das Ambiente sollte so beschaffen sein, dass sich beide Seiten optimal entspannen können, nicht nur weil das die Erfolgsaussichten verbessert, sondern auch aus Höflichkeit. Es ist einfach nicht nett, jemanden in eine Umgebung zu lotsen, in der er sich aller Wahrscheinlichkeit nach unwohl fühlt. Verzichten Sie also auf alle Arten von Extrem-Locations.

## ESSEN, TRINKEN UND BEZAHLEN

Wenn es an die Wahl der Getränke geht, sollten Sie beim gemeinsamen Blick in die Karte den Geschmack Ihrer Begleitung ausloten. Falls sie keinen Alkohol trinken möchte oder nur in homöopathischen Dosen, sollten Sie ihr weder harte Drinks aufdrängen noch selbst allzu stark zuschlagen. Zurückhaltung beim Alkohol ist vor allem dann ein absolutes Muss, wenn das Date später noch auf Ihre Fahrdienste angewiesen ist.

Bei der Zusammenstellung der Speisen sollten Sie ebenfalls Rücksicht nehmen. Wenn Ihr Date nur ein Tellergericht ordern möchte, vielleicht weil sie es gar nicht anders kennt, dann schließen Sie sich am besten an. Falls Sie partout nicht auf die Vorspeise verzichten wollen, sollten Sie sich eine Kleinigkeit teilen, beim Italiener zum Beispiel einen gemischten Antipasti-Teller.

Ein wichtiger Punkt bei der Wahl des Restaurants oder der Kneipe ist das Preisniveau, zumal nicht alle Frauen automatisch erwarten, eingeladen zu werden. Wenn ihr wegen der Preise schon bei der Bestellung der Appetit vergeht, steht der Abend unter keinem guten Stern.

Falls Sie die Idee hatten, in einen sehr teuren Laden zu gehen, dann sollten Sie schon bei der Einladung durchblicken lassen, dass Sie für beide bezahlen. Ist das der Frau unangenehm, kann sie früh genug ablehnen, akzeptiert sie das Angebot, dann wird sie das exklusive Ambiente vom ersten Augenblick an genießen (weil sie weiß, dass Sie am Ende löhnen).

Sollte die Kostenfrage nicht vorher geklärt worden sein, darf es beim Zahlen nicht zu einer längeren Diskussion kommen. Wenn Sie merken, dass die Dame von einer Einladung ausgegangen ist, dann sollten Sie so tun, als wäre dies auch Ihre Absicht gewesen. Begleichen Sie also ohne Murren die Rechnung und vergessen Sie trotz Ihres eventuellen Ärgers das Trinkgeld nicht. Hat die Frau offensichtlich keine Einladung erwartet, wird die Summe einfach geteilt. Stellen Sie sich dabei aber bitte nicht pedantisch an und legen Sie notfalls etwas mehr drauf, falls dies die Sache erleichtert. Im Zweifel sollten Sie lieber einmal zu viel als einmal zu wenig anbieten, den gesamten Betrag zu übernehmen, denn Großzügigkeit kommt in der Regel immer gut an. Ganz wichtig: Möchten Sie die Rechnung als Bewirtung deklarieren, dann behalten Sie dies für sich! Der Gedanke, dass die Aufwendungen für das gemeinsame Essen später zum Steuernsparen herhalten müssen, killt jede Romantik. Fast noch schlimmer: Erwähnen, dass Sie den Abend vom Spesenkonto bezahlen.

## NACHHAUSEWEG UND VERABSCHIEDUNG

Die Experten streiten darüber, ob das erste Date mit einem Kuss oder gleich im Bett enden soll oder nicht, im Rahmen dieser Abhandlung stellen sich ganz andere Fragen: zum Beispiel die, ob und wie Mann die Frau nach Hause bringt. Grundsätzlich sollte Mann den sicheren Heimweg garantieren, also bis zum Auto oder zur Haltestelle mitgehen, warten, bis das Taxi kommt, selbst den Chauffeur spielen oder die Frau zu Fuß bis zur Haustür begleiten. Auch wenn nichts von all dem erwartet oder gewünscht wird, sollte es dennoch angeboten werden – nicht nur als Floskel, sondern mit der echten Absicht, es zu tun.

Wird das Angebot angenommen, darf dies auf keinen Fall missverstanden werden. Der Wunsch, bis zum Auto oder an die Haustür gebracht zu werden, ist nicht identisch mit dem Wunsch nach erotischer Annäherung. Es wäre sowohl unhöflich als auch kontraproduktiv, für diese kleine Gefälligkeit sofort eine Gegenleistung einzufordern. Wenn die Dame allerdings fragt, ob Sie noch mit reinkommen möchten, dürfen Sie das natürlich bejahen. Aus Pflichtgefühl wird diese Frage nicht gestellt, denn bei den ersten Dates ist es völlig okay, den Abend an der Tür zu beenden. Ob mit Kuss oder nicht, bleibt Ihnen überlassen. Die Höflichkeit verbietet es aber, die Angelegenheit zu sehr zu forcieren, außerdem sollten die verschiedenen Arten von Küssen unterschieden werden. Ein freundschaftlicher Wangenkuss ist als das zu interpretieren, was er ist: ein freundschaftlicher Wangenkuss eben – erwidern Sie ihn also nicht zu offensiv.

## WENN ES ZUR SACHE GEHT

Sollte der Abend eine romantische Wendung nehmen, hat der Knigge zwar erst mal Pause, komplett vergessen sollten Sie ihn aber nicht. Denn er sagt uns nicht nur, wie wir uns anzuziehen haben, auch für die umgekehrte Situation gibt er Rat: Beginnen Sie mit den Schuhen und Strümpfen, dann machen Sie sich obenrum frei, zuletzt Hose und Unterhose. Nur mit Socken bekleidet sieht ein Mann lächerlich aus, aber auch mit Oberhemd und nacktem Hintern versetzt er eine Frau nicht in Ekstase. Falten Sie die Sachen ausnahmsweise mal nicht ordentlich zusammen, das wirkt in diesem Moment einfach nur spießig und unerotisch.

Bleibt noch die Frage der Hygiene. Entgegen der landläufigen Meinung törnt Schweißgeruch Frauen nicht an, es sei denn, ein frisch gewaschener Körper ist eben dabei zu transpirieren. Überhaupt sollten Sie sich so appetitlich wie möglich darbieten, duschen Sie deshalb für alle Fälle vor dem Rendezvous. Zeichnet sich schon während des Abends ab, dass er im Bett enden könnte, nutzt der erfahrene Liebhaber seinen nächsten Aufenthalt in Bad oder Toilette für einen kleinen Frische-Check samt eventueller Nachreinigung am Waschbecken oder Bidet. Dann muss in der entscheidenden Phase keine Zeit mit Pflegeritualen verschwendet werden.

Auf keinen Fall dürfen «danach» Höflichkeit und Charme urplötzlich versiegen (es wäre ein doofer Witz, von «wie weggeblasen» zu sprechen), selbst wenn eine gewisse Ernüchterung und Abkühlung eingetreten ist. Sollte die Nacht der Auftakt zu einer längeren Beziehung sein, ist es umso wichtiger, dass das Verhalten am Morgen nicht gegen die Galanterie am Vorabend abfällt. Führen Sie sich also nicht plötzlich wie der Herr im Hause auf, auch selbstzufriedenes Paschagehabe kommt sehr schlecht an. Statt also bräsig im Bett liegend nach Kaffee zu schreien, lieber heimlich aufstehen und ihr das Frühstück ans Bett bringen.

Die Sachen, die Sie gestern im Eifer des Gefechts wild in der Gegend verstreut haben, dürfen Sie jetzt ruhig wieder einsammeln, verzichten Sie außerdem darauf, Bad und Küche in einen Schweinestall zu verwandeln und unter der Dusche durch lautes Singen Ihren Triumph im ganzen Haus bekannt zu machen. Der Abschied sollte dem Ausgang des Abends angepasst werden. War die Nacht eine Augenblickslaune, darf er etwas zurückhaltender ausfallen, ansonsten sollte er so gestaltet werden, dass er den Gefühlen der Beteiligten gerecht wird. Also ruhig ein zärtlicher Kuss statt eines machohaften «Ciao, Baby». Beim Verlassen der Wohnung ist Diskretion angesagt, machen Sie also ein neutrales Gesicht, statt die Nachbarn mit einem breiten Erobererginsen zu grüßen.

## Hochzeit: Tipps für Ja-Sager

Heiraten ist im Prinzip die einfachste Sache der Welt. Man erledigt ein bisschen Behördenkram und gibt sich dann auf dem Standesamt das Jawort. Doch in dem Moment, wo Sie den Wunsch nach mehr als dieser puren Variante verspüren, stellen sich auch schon diverse Stil- und Benimmfragen. Wie feiere ich und wo? Wen lade ich ein und in welcher Form? Was ziehen wir an, und was gibt es zu essen? Die Antworten auf diese FAQs finden Sie hier.

### WANN HEIRATEN WIR?

Aus steuerlichen Gründen wird gerne bis kurz vor Silvester geheiratet, weil das Paar dann auf eine nette Rückzahlung spekulieren kann. So profan dieser Grund erscheinen mag, ist er doch eine absolut legitime Motivation und ihn zu verleugnen überflüssig. Wenn Sie also Ende Dezember heiraten wollen, dann tun Sie es einfach, erfinden Sie dafür aber keine alberne, pseudoromantische Begründung. Da Sie (hoffentlich) aus Liebe heiraten, ist es wurst, ob Sie dies nun in der Weihnachtszeit tun oder im Klischee-Wonnemonat Mai.

### WO HEIRATEN WIR?

Zuerst mal im Standesamt, ob Sie dann auch noch eine religiöse Zeremonie drauflegen, ist Glaubens- und Geschmackssache. Stilistisch sollte beides auseinander gehalten werden, es ist einfach unpassend, sich für das Amt wie für die Kirche auszustaffieren, denn da geht es wirklich nur um einen Verwaltungsakt. Gegen eine Hochzeit im Ausland ist natürlich nichts einzuwenden, Standardarrangements in Las Vegas oder Florida sind allerdings nicht besonders originell. Wichtig: Solche Trauungen müssen zu Hause legitimiert werden, also unbedingt vorher Infos einholen.

### WO FEIERN WIR?

Das hängt von Ihrem Budget ab. Die sparsamste Variante heißt: Gar nicht feiern (kann auch sehr schön sein). Etwas kostspieliger, aber immer noch bezahlbar, ist ein häuslicher Steh-Umtrunk nach dem Standesamt (auch Empfang genannt), gefolgt von einem Mittagessen im engsten Familien- und Freundeskreis. Alles, was darüber hinausgeht, schlägt dann schon ziemlich heftig zu Buche, zum Beispiel wenn der Empfang in einem Restaurant stattfindet und abends noch eine Riesenparty mit Musik, Büfett und allem Drum und Dran steigen soll.

Wie viel Sie ausgeben, bleibt absolut Ihnen überlassen. Wenn Sie aber Leute einladen, dann bitte von Herzen und ohne bei der Fete den Gästen jeden Bissen in den Mund zu zählen. Nichts ist peinlicher, als eine möglichst große Besucherzahl mit möglichst geringem Aufwand bewirten zu wollen – wenn das Ihr Plan ist, dann lassen Sie es lieber gleich bleiben. Auch ein bisschen unangenehm: Wenn die Feierlichkeiten offensichtlich in krassem Gegensatz zu Lebensstil und finanziellen Möglichkeiten des Hochzeitspaares stehen und man sich als Gast bei jedem Schluck fragt, wie lange die beiden an dem Kredit für das prunkvolle Spektakel wohl abbezahlen werden. Feiern Sie so, wie Sie es sich immer gewünscht haben, nicht aber um Verwandte und Freude zu beeindrucken.

## WAS LASSEN WIR UNS SCHENKEN?

Wenn sich zwei ganz junge Leute zusammentun, die vorher noch zu Hause gewohnt haben, dann beginnt mit der Hochzeit auch das Zusammenleben in der ersten eigenen Wohnung. Dementsprechend fallen die Geschenke aus: Haushaltsgeräte, Geschirr, Bettwäsche, Wohnaccessoires, Lampen, Besteck etc. Doch die Gleichung «Hochzeit = Haushaltsgründung» stimmt heute nur noch ganz selten, die meisten Paare haben vor dem Jawort auch schon zusammengelebt und sind in der Regel bereits ziemlich komplett ausgestattet. In solchen Fällen können die Präsente weniger praktisch ausfallen, statt zehn Handtüchern also eher die pelzgefütterte Kuscheldecke fürs Sofa, statt profaner Mikrowelle die luxuriöse Espressomaschine aus Italien.

Damit Sie wirklich das bekommen, was Sie haben wollen (und gebrauchen können), verfassen Sie eine detaillierte Wunschliste und lassen diese unter den Gästen zirkulieren oder bei einem Freund zur Einsicht ausliegen. Alternativ können Sie die Liste in ein paar Geschäften hinterlegen und die Gäste darauf verweisen. Vorteil für die Beschenkten: Sie können Einfluss auf das Qualitätsniveau nehmen. Vorteil für die Schenkenden: Kopfzerbrechen entfällt, außerdem packen die Läden alles schön ein und versenden es bei Bedarf auch. Wichtig: Die Liste muss Präsente für jeden Geldbeutel enthalten.

## WIE LADEN WIR EIN?

In jedem Fall schriftlich und so rechtzeitig wie möglich. Der Text sollte so formuliert werden, dass er zum Brautpaar und dem Stil der Feier passt. Es ist ratsam, den Termin mündlich mit den wichtigsten Gästen vorzubesprechen, sonst sind am Ende die liebsten Freunde und Verwandten gerade im Urlaub oder sonst wie verhindert. Bitten Sie auf der Einladung unbedingt um Zu- oder Absage, sonst können Sie nicht planen.

## WEN LADEN WIR EIN?

Bei Hochzeiten gibt es ein Problem: Es treffen bis zu fünf Welten aufeinander, mindestens aber drei. Nämlich zwei Familien und der gemeinsame Freundeskreis des Paares (eventuell plus je ein separater Freundeskreis der Braut und des Bräutigams). Mit anderen Worten: Sie müssen Leute unter einen Hut bringen, die sonst im Traum nicht auf die Idee kommen würden, gemeinsam zu feiern. Schlechte Stimmung oder gar Streit sind deshalb fast vorprogrammiert, verabschieden Sie sich also frühzeitig von der Hoffnung auf eine von Anfang bis Ende harmonische Veranstaltung.

Der einzige Ausweg bestünde darin, nur Leute einzuladen, die wirklich zusammenpassen, was aber fast immer auf ein reines Familien- oder ein reines Freundesfest hinauslaufen würde. Obendrein wäre die außen vor gebliebene Gruppe tödlich gekränkt. Lösung? Es gibt keine, deshalb treffen wir bei allen Hochzeiten auf eine ebenso absurde wie brisante Mischung aus pflichtgemäß eingeladenen Tanten, Onkel, Cousins und Nichten, geschiedenen und wieder verheirateten Eltern- und Freundespaaren, uralten Kumpeln aus Kindergarten und Grundschule, WG-Genossen aus der Studienzeit, Kollegen, Geschäftspartnern und diversen Exfreundinnen und Exfreunden samt Anhang. Richten Sie sich außerdem darauf ein, dass kurzfristige Absagen immer von den Gästen kommen, auf die Sie sich als einzige wirklich gefreut haben, nie jedoch von Nervensägen oder Stinkstiefeln. Und immer dran denken: Sie werden es mit Ihrer Fete niemals allen Recht machen, irgendjemand mault hinterher immer.

## WAS ZIEHE ICH AN?

Wenn wir mal davon ausgehen, dass Sie keine Themenhochzeit mit entsprechenden Kostümvorgaben veranstalten, wie etwa «Wilder Westen» oder «Mittelalterliche Gaukler», gelten für das Outfit des Bräutigams einfache und feste Regeln. Findet die Trauung am Tage statt, trägt er auf dem Standesamt einen dunklen Anzug (im Sommer geht auch ein hellerer), in der Kirche Anzug oder Cutaway. Nur wenn zwischen Trauung am Nachmittag und abendlicher Feier keine Zeit fürs Umziehen bleibt, dürfen Sie den Smoking anziehen (denn er ist ein reiner Abendanzug). Falls Sie zum Hochadel gehören oder es sehr vornehm lieben, wäre auch der Frack eine Option (obwohl er sonst auch nur am Abend angezogen wird). Falls Sie beruflich Uniform tragen, können Sie das auch bei Ihrer Hochzeit tun (üblich ist dies zum Beispiel bei Berufssoldaten), wenn Sie es ländlich traditionell lieben, ist auch eine authentische Tracht okay.

Der Stil liegt auch bei den Hochzeitsklamotten im Detail: Blumen werden durch das Knopfloch im Revers gesteckt und nicht mit einer Sicherheitsnadel außen an den Stoff gepinnt. Schuhe immer in Schwarz und gut geputzt, auch wenn Sie im Sommer einen hellen Anzug tragen, aus Lackleder ausschließlich zum Smoking oder Frack. Zum Cut immer ein weißes Anzughemd mit Umlegekragen und Klappmanschetten, niemals Vatermörderkragen, dazu einen normalen Binder, kein Plastron. Der Cut muss aus schwarzem, dunkelgrauem oder hellgrauem Stoff geschneidert sein, niemals darf er in auffälligen Farben wie Violett, Aubergine, Pink oder Weiß daherkommen. Zu Cut und Frack tragen Sie einen schwarzen Zylinder (in der Kirche unbedingt abnehmen), zu allen anderen Anzügen ist der hohe Hut absolut tabu (zum Beispiel zum Smoking).

# *Mann* im Job

# Erfolgsgeheimnis Höflichkeit

Was haben Lotto- und Quizgewinner, Millionen- oder Milliardenerben, Rentner und Pensionäre gemeinsam? Sie müssen sich keine Gedanken darüber machen, wie sie sich im Job richtig benehmen. Für alle anderen ist diese Frage dagegen ziemlich wichtig. Schließlich verbringen wir mit und bei der Arbeit viele Stunden unseres Lebens. Wie gut wir uns dabei fühlen, hängt von vielen Faktoren ab. Passt der Job zu uns? Füllt er uns aus? Macht er viel, wenig oder gar keinen Spaß? Und: Werden wir gut behandelt, oder gibt es ständig Reibereien? Die menschliche Seite unseres Berufsalltags sollten wir niemals vernachlässigen, denn das Klima am Arbeitsplatz bestimmen wir selbst – und zwar dadurch, wie wir mit den anderen umgehen. Deshalb sollte Mann sich ruhig mal fragen, ob die eigene Performance im Büro eher mit dem Begriff Rücksicht oder Rüpelhaftigkeit beschrieben werden kann.

Arbeit ist Teil des Lebens, ob nun Lust oder Frust. Was im Leben gilt, stimmt deshalb weitgehend auch im Job. Doch es gibt Ausnahmen, oft fordert zum Beispiel die Firmenhierarchie etwas anderes als der Alltagsknigge. Und manchmal liegt die optimale Lösung irgendwo dazwischen. Wer aber die Regeln beider Bereiche wie im Schlaf beherrscht, kann auch knifflige Fragen und widersprüchliche Situationen sicher meistern. Das wird denjenigen nicht nur zum beliebten Kollegen, Mitarbeiter oder Chef machen, es bringt ihn in aller Regel auch karrieretechnisch nach vorne. Denn das, was wir hier als Job-Etikette bezeichnen, wird bei Kommunikationstrainern, Verhaltensexperten und Psychologen als «soziale Intelligenz» geführt. Und die gehört gerade auf der Führungsebene zu den gefragtesten Qualifikationen.

## 6 Richtige: Die wichtigsten Benimmregeln für den Job

Je nachdem, welchen Beruf Sie ausüben, müssen Sie ganz unterschiedliche Regeln beachten. Insofern könnte man fast für jeden Job einen eigenen Spezial-Knigge verfassen. Doch es gibt auch Regeln, die für jede Branche und auf allen Hierarchie-Ebenen gelten. Wer sie kennt, wird nie danebenliegen.

## 1. Menschlichkeit nicht vergessen

Klar, manchmal muss Mann im Job Klartext reden. Ehrlichkeit und Direktheit schließen Menschlichkeit aber nicht aus. Wenn Sie schon jemandem kündigen müssen, dann bitte mit Worten, die die Sache nicht noch schlimmer machen.

## 2. Zu jedem gleich höflich sein

Beim Chef schleimen, aber die Putzfrau anmotzen, das ist extrem schlechter Stil. Was Sie sich beim Boss nicht trauen, dürfen Sie sich auch nicht bei den Schwächsten herausnehmen.

## 3. Lieber echte Distanz als falsche Nähe

Es gibt Kollegen, die sich auch nach 30 Jahren Bürogemeinschaft noch siezen und dabei bestens verstehen. Andere bieten einem Neuen nach einem Tag das Du an und mobben ihn dann hinter seinem Rücken.

## 4. Position von Person trennen

Kann ja sein, dass der frisch gebackene Abteilungsleiter mal Ihr Azubi war. Das ist aber 10 Jahre her. Behandeln Sie ihn also als das, was er jetzt ist, und nicht als das, was er mal war.

## 5. Im Zweifel gilt die Regel aus dem normalen Leben

Darf ich meiner Sekretärin in den Mantel helfen? Muss ich es bei der Chefin tun? Wer unsicher ist, ob eine Alltagsregel auch im Betrieb gilt, sollte sie trotzdem einfach befolgen. Wenn es nicht anbiedernd wirkt, schadet Höflichkeit nie.

## 6. Stellen Sie sich immer vor, dass Sie heimlich gefilmt werden

Sie sollen keinen Verfolgungswahn entwickeln, aber tun oder sagen Sie nichts, zu dem Sie nicht öffentlich stehen könnten. Lästern Sie also nicht über Kollegen, lassen Sie nichts mitgehen, schummeln Sie nicht bei den Reisespesen.

# Kleiner Kommunikations-Knigge

Der Gag an der Kommunikation ist ja eigentlich, dass wir uns miteinander verständigen. Doch was nutzen Handy und E-Mail, wenn die Grundregeln des erfolgreichen Informationsaustausches nicht befolgt werden? Wir haben sie in unserem kleinen Kommunikations-Knigge für den Berufsalltag zusammengefasst.

## TELEFON

In Betrieben gibt es keine Ruhezeiten, in denen sich ein Anruf verbietet, Sie können also jederzeit anklingeln. Als Anrufer sollten Sie sich mit Namen und Firma melden und freundlich um die Weiterverbindung zu Herrn oder Frau Soundso bitten; falls man Sie nach Ihrem Anliegen fragt, nennen Sie ein kurzes Stichwort («Ich bin Lieferant»). Mehr ist nicht nötig, die Zentrale weiß inhaltlich meist sowieso nicht Bescheid und interessiert sich auch nicht die Bohne für Ihre Erklärungen. Im Sekretariat des Angerufenen dürfen Sie auskunftsfreudiger sein, da die Assistentin in der Regel so gut unterrichtet ist, dass sie den Anruf richtig einordnen kann («Es geht um das Angebot für die neue Buchhaltungssoftware, gibt es da schon eine Entscheidung?»). Erreichen Sie nur eine Mailbox, dann hinterlassen Sie Namen und Nummer zusammen mit einer möglichst knappen Nachricht. Nichts nervt mehr, als einen Anrufbeantworter voller langatmiger Mitteilungen abhören zu müssen.

Wenn im Büro Ihr persönlicher Anschluss läutet, sollten Sie sich mit Firma und Namen melden, einfach nur «ja» oder «hallo» reicht nicht aus. Außerdem verwirrt eine derart magere Meldung den Anrufer, denn er muss nun nachfragen, ob er in der Firma Soundso gelandet ist und mit Herrn oder Frau Sowieso spricht. Wenn Sie an den Apparat eines Kollegen gegangen sind, müssen Sie das dem Anrufer sofort mitteilen: Firma Sowieso, Meier am Apparat Müller. Sonst kann es passieren, dass der Anrufer Sie mit dem eigentlichen Inhaber des Anschlusses verwechselt und etwas allzu Persönliches erzählt oder gleich sein Anliegen vorträgt und Sie ihn unterbrechen müssen. An allgemeinen Firmenapparaten ist es jedoch in Ordnung, sich nur mit dem Namen des Unternehmens zu melden, da der Anrufer dort keine konkrete Person erwartet.

## BRIEF

Geschäftsbriefe müssen klar und unmissverständlich formuliert sein, persönliche Bemerkungen und Scherze sollten auf ein Minimum reduziert werden. Das gilt auch dann, wenn Schreiber und Adressat gut miteinander bekannt sind. Bevor Sie einen Gag einbauen, sollten Sie sich unbedingt fragen, ob er wirklich schwarz auf weiß viele Jahre in der Ablage verbleiben soll. Noch größere Vorsicht ist angeraten bei provozierenden, indiskreten oder gar beleidigenden Inhalten. Hier trifft das bekannte Zitat aus Gerichtsfilmen zu, dass so ein Brief «gegen Sie verwendet» werden kann.

Die Stilistik des Geschäftsbriefes ist ein Thema für sich, ganz generell sollten Sie aber folgende Tipps beherzigen:

- Fassen Sie sich kurz, selbst schwierige Inhalte lassen sich bei präziser und knapper Formulierung auf einer Seite zusammenfassen.
- Gliedern Sie den Inhalt in Absätze, für die meisten Briefe reichen drei. Erster Absatz: Einleitung. Zweiter Absatz: Worum geht es? Dritter Absatz: Was der Adressat tun soll – und zuletzt: die Schlussformel.
- Vermeiden Sie komplizierte Schachtelsätze, geschraubte Wendungen und Fremdwörter, die kein Mensch versteht.
- Last, but not least: Der Brief sollte fehlerfrei sein, in Zweifelsfällen also im Duden nachschlagen, dann mehrmals durchlesen. Wenn Sie immer noch unsicher sind, den Brief von einem Rechtschreib- und Grammatik-Crack checken lassen.

Rein private Briefe sollten Sie am besten gar nicht erst an Firmenadressen schicken, selbst der Vermerk «persönlich» oder «vertraulich» schützt nicht zu 100 Prozent davor, dass Ihr Schreiben beim Falschen landet (und der sich unter Umständen köstlich über den pikanten Inhalt amüsiert). Den Namen des Empfängers über die Firmenanschrift zu setzen, eigentlich ein Indiz für die Privatheit des Briefes, reicht noch weniger aus, das Öffnen durch Unbefugte zu verhindern. Erstens ist diese Regel vielen völlig unbekannt, zweitens werden die Umschläge meist unbesehen geöffnet und dann sofort entsorgt. Deshalb: Privatpost nur an die Privatadresse.

## FAX

Inhaltlich und stilistisch gilt das gleiche wie für den Brief, allerdings ist das Fax noch weniger für vertrauliche Inhalte geeignet. Es muss immer so formuliert sein, dass Sie es auch am schwarzen Brett öffentlich aushängen könnten, denn oft steht das Faxgerät für jeden zugänglich auf dem Flur oder im Kopierraum. Wenn Sie sich selbst Arbeit und dem Empfänger Papier sparen wollen, verzichten Sie auf das so genannte Deckblatt, mit dem das eigentliche Fax angekündigt wird. Dass da eine Fernkopie kommt, ist klar, wenn das Gerät piept und zu rattern anfängt, und die Zahl der zu empfangenden Seiten steht ohnehin in der Kennzeile am Kopf des Blattes.

## E-MAIL

Viele Leute übernehmen in geschäftlichen E-Mails den Plauderton der privaten E-Korrespondenz – für die Kommunikation von Firma zu Firma ist dieser Stil aber nicht unbedingt geeignet. Bedenken Sie bitte auch, dass nicht alle E-Mails direkt auf dem Bildschirm des Adressaten landen, in manchen Büros kommen sie bei der Sekretärin an, die das Schreiben dann ausdruckt – also Zurückhaltung bei allzu persönlichen Mitteilungen.

Weshalb manche Leute bei E-Mails auf Groß- und Kleinschreibung, Interpunktion und Orthographie verzichten, ist unklar. Fest steht aber, dass geschäftliche E-Mails korrekt verfasst sein sollten. Auch wichtig: Der Eingang von E-Mails ist schwer nachprüfbar, es sei denn, der Empfänger schickt eine Empfangsbestätigung zurück oder versendet Abwesenheitsnotizen. Wenn Sie eine direkte Antwort brauchen, lieber anrufen.

### SMS

Der Einsatzbereich der SMS ist schwer eingrenzbar, denn einerseits hängen viele Entscheidungen von Mini-Messages ab, wie einem simplen «Ja» oder «Nein», «Mach» oder «Abwarten». Andererseits lassen sich ausführliche Sachverhalte nur schwer auf SMS-Format reduzieren. Außerdem ist bei der SMS, ähnlich wie bei E-Mail, der Empfang nur schwer nachprüfbar, das Handy kann gerade ausgeschaltet sein oder irgendwo herumliegen. Zusätzlich besteht immer die Gefahr, dass ein Unbefugter die Nachricht liest. Also Vorsicht!

## Freund oder Feind? Vom Umgang mit Kunden und anderen Aliens

In manchen Firmen herrscht intern ein super Betriebsklima, Externe werden dagegen kühl bis frostig abgefertigt. Liegt es daran, dass die Mitarbeiter ihr Freundlichkeitspotenzial komplett für die Kollegen aufbrauchen? Was auch immer die Ursache sein mag, es darf nicht sein. Das gebietet nicht nur die Höflichkeit, sondern auch der Geschäftssinn. Deshalb sollten beim Umgang mit Kunden, Lieferanten und anderen Fremdlingen unbedingt ein paar Regeln befolgt werden:

### SEIEN SIE AUS PRINZIP HÖFLICH, NICHT AUS BERECHNUNG

Wir alle hassen es, wenn man uns beim ersten Besuch in einem Hotel, Restaurant oder Geschäft deutlich schlechter bedient als den Stammgast. Deshalb sollten Neukunden und andere unbekannte Wesen mit der gleichen Zuvorkommenheit behandelt werden wie langjährige und wichtige Geschäftspartner. Allerdings ist es auch nicht ratsam, alte Kontakte zugunsten von Newcomern zu vernachlässigen, denn ihnen allein ist der Status quo zu verdanken.

### BETRACHTEN SIE ANKÜNDIGUNGEN ALS VERSPRECHEN

Wie oft haben wir schon gehört, dass man uns «gleich» zurückrufen würde, ohne dass dieser Anruf dann jemals kam. Ähnlich hohl sind die meisten Ankündigungen sofortiger Zahlung («Die Überweisung geht heute raus») oder Zusagen schneller Bearbeitung («Ich kümmere mich sofort darum»). Wenn Sie sagen, dass Sie etwas tun werden, dann lassen Sie auch Taten folgen.

### VERSPRECHEN SIE NUR DAS, WAS SIE EINHALTEN KÖNNEN

Ein Versprechen, das nicht gemacht wurde, kann auch nicht gebrochen werden. Statt also groß anzukündigen, dass Sie den Termin in jedem Fall halten, die Arbeit an dem Auftrag sofort beginnt oder Ihr Know-how für die Aufgabe absolut ausreicht, sollten Sie lieber etwas Realitätsnahes in Aussicht stellen. Wenn Sie dabei tiefgestapelt haben, umso besser.

### BETRACHTEN SIE BESUCHER ALS PERSÖNLICHE GÄSTE

Die Regeln der Gastfreundschaft gelten nicht nur in Privatwohnungen, sondern in jeder Umgebung, in der ein Hausrecht ausgeübt wird. Wenn ein Geschäftspartner zu Ihnen in die Firma kommt, sollten Sie ihn dort also höflich begrüßen, ausreichend verpflegen und ihm den Aufenthalt auch sonst möglichst angenehm machen.

### BETRACHTEN SIE REKLAMATIONEN UND BESCHWERDEN NICHT ALS ANGRIFF

Es ist gut, wenn Sie sich mit Ihrer Arbeit identifizieren, trotzdem sollten Sie Kritik an Ihrer Dienstleistung oder Ihrem Produkt nicht als Angriff auf Ihre Person betrachten. Versuchen Sie vielmehr, möglichst sachlich und fair mit Reklamationen und Beschwerden umzugehen. Unterstellen Sie nicht automatisch, dass die Klage unberechtigterweise oder aus niederen Beweggründen vorgebracht wurde.

### MACHEN SIE DIE WIEDERGUTMACHUNG ZUM PERSÖNLICHEN ANLIEGEN

Kritik von außen richtet sich in der Regel nicht gegen Sie als Person, sondern gegen die Firma. Die Wiedergutmachung sollten Sie dagegen zur persönlichen Chefsache machen. Der schlechte Eindruck, den der Kunde oder Konsument durch eine mangelhafte Leistung von Ihrem Unternehmen bekommen hat, verwandelt sich so in positive Überraschung – wenn der Mangel schnell behoben wird, Sie sich persönlich entschuldigen und nach drei Wochen noch einmal nachfragen, ob alles okay ist.

## Mann und Frau als Kollegen

Es soll ja noch Männer geben, die Frauen im Job partout nicht als Vorgesetzte akzeptieren können und sie das auch ständig spüren lassen. Andere behandeln weibliche Kollegen zwar äußerst zuvorkommend, ignorieren sie aber hartnäckig auf der professionellen Ebene. Und dann gibt es noch die Unwiderstehlichen, die jede Frau als Jagdobjekt betrachten, egal ob Azubi, Putzfrau, Sekretärin oder Chefin. Benimm-Profis können über diese Schwächen ihrer Geschlechtsgenossen nur müde lächeln, denn sie wissen, wie Mann mit Frau im Job umgehen muss.

Knackpunkt Nr. 1 ist heutzutage der scheinbare Konflikt zwischen Galanterie und Emanzipation. Es gibt Frauen, die es als Ausdruck männlicher Geringschätzung empfinden, wenn ihnen ein Kollege in den Mantel helfen will. Andere sehen es durchaus gern, wenn sie gleichzeitig als kompetente Mitarbeiterin *und* weibliches Wesen wahrgenommen werden. Sprich: Sie freuen sich, wenn man ihnen die Tür aufhält, schwere Aktenordner abnimmt oder ihnen den Vortritt lässt. Bekommt Mann mit, dass Frau jedoch auf derlei Gesten absolut allergisch reagiert, ist die Beschränkung auf das absolut notwendige Minimum angeraten (zum Beispiel Tür aufhalten ja, in den Mantel helfen nein).

Natürlich müssen die Männer auch mitspielen, wenn Mitarbeiterinnen in der Firma beiden Rollen – also sowohl Frau als auch kompetente Kollegin – gerecht werden wollen. Leider versagen viele in genau diesem Punkt. Sie missinterpretieren die Empfänglichkeit für höfliche Gesten und Zuvorkommenheit als Eingeständnis weiblicher Schwäche oder Hilfsbedürftigkeit und sehen sich in ihren Macho-Vorurteilen bestätigt, nach dem Motto: «Frauen sind süß, aber ziemlich doof.» Deshalb muss Mann ein genaues Sensorium dafür entwickeln, wann Charme angesagt ist und wann Sachlichkeit. Hier gilt die Faustregel: Wenn der Job gerade Pause hat, darf man den Charme spielen lassen, ansonsten höflich, aber sachlich bleiben.

Chefs müssen darauf achten, dass Mitarbeiterinnen nicht schlechter dastehen als ihre männlichen Kollegen, aber auch nicht bevorzugt werden, nur weil sie Frauen sind. Oft reicht im Kollegenkreis schon der Anschein einer Sonderbehandlung, um für böses Blut zu sorgen. Das passiert genauso, wenn sich eine Chefin von den Herren im Hause hofieren lässt. Deshalb sollten sich Vorgesetzte immer um Gleichbehandlung und Fairness bemühen, den weiblichen Teammitgliedern also nicht besonders wohlwollend oder nachsichtig begegnen, sondern einfach nur sachlich. Allerdings darf dies auch wieder nicht in eine übertrieben kritische Haltung ausarten, die dazu dienen soll, den Verdacht jeglicher Bevorzugung im Keim zu ersticken.

# Von Chefs und Nicht-Chefs

## It's good to be King! Spezielle Regeln für Chefs

Chef werden ist schon schwer genug, Chef sein dagegen manchmal noch viel mehr. Denn vom Chef wird nicht nur fachlich viel erwartet, auch menschlich muss er Spitzenleistungen bringen. Das setzt psychologisches Einfühlungsvermögen voraus und eine souveräne Beherrschung der Benimm-Klaviatur.

1. Die wichtigste Regel für Chefs lautet: Ordne nur das an, was auch ausgeführt werden kann. Unmögliches zu fordern ist nicht nur unfair, es schwächt auch die Autorität. Denn die anderen kriegen in der Regel nur mit, dass die Forderung nicht erfüllt wurde, aber aus welchen Gründen, das weiß

keiner. Am Ende steht der Chef dann als führungsschwach da, schließlich wurden seine Anweisungen nicht umgesetzt.

2. Der Chef darf außerdem nur das von den Mitarbeitern verlangen, was er selbst zu tun bereit ist. Wenn er beispielsweise darauf besteht, dass pünktlich um 8 Uhr mit der Arbeit angefangen wird, dann sollte er spätestens um 7:45 Uhr am Schreibtisch sitzen. Wenn frühes Gehen verpönt ist, muss er selbst auch bis zuletzt an Bord bleiben. Ist er nie da, wird er dagegen schnell unglaubwürdig, abgesehen davon, dass er gar nicht mitkriegt, wann die Leute kommen und gehen.

3. Ein guter Chef ist absolut aufrichtig und steht hundertprozentig zu dem, was er sagt und tut. Das gilt vor allem, wenn sich eine seiner Entscheidungen mal als nicht so optimal herausstellt. Falls er versucht, die Schuld auf andere abzuwälzen, werden ihm die Mitarbeiter sowohl den Fehler als auch die Unehrlichkeit übel nehmen. Gibt er dagegen den Irrtum zu, wird vielleicht kurzzeitig seine Kompetenz angezweifelt, auf lange Sicht gewinnt er aber an Respekt.

## Hey Boss, ich brauch mehr Geld! Spezielle Regeln für Nicht-Chefs

Solange man es noch nicht bis an die Spitze geschafft hat, wird der Boss oft als Ausbeuter, Despot oder Wichtigtuer wahrgenommen – es sei denn, es handelt sich um eines der seltenen Exemplare, das unsere Regeln für Chefs kennt und beherzigt. Wer dagegen selbst auf dem Chefsessel thront, sieht die Welt natürlich aus einer ganz anderen Perspektive. Statt im Kollektiv gegen «die da oben» in der Führungsetage mosern zu können, fühlt sich der Mann an der Spitze einsam und von faulen, hinterhältigen und unqualifizierten Mitarbeitern umgeben, die ihn ständig sabotieren wollen oder gar an seinem Stuhl sägen. Diesem Misstrauen wäre im Nu der Nährboden entzogen, wenn die Mitarbeiter die folgenden einfachen Regeln beachten würden:

### SEIEN SIE LOYAL

Egal was Sie über den Boss denken, nach außen sollten Sie immer loyal sein. Im beruflichen Zusammenhang sowieso (also in der Firma, bei Kunden, vor der Konkurrenz und auf Fachmessen), am besten aber auch im Privatleben. Aus Prinzip (weil es einfach schlechter Stil ist, über andere zu lästern) und aus Selbsterhaltungstrieb. Man weiß wirklich nie, in welchem Verhältnis der Gesprächspartner zum Chef steht; wenn Sie Pech haben, entpuppt er sich als alter Kumpel, der Ihrem Boss brühwarm weitertratscht, was Sie über ihn gesagt haben.

### NUTZEN SIE NIEMALS PRIVATE KONTAKTE FÜR BERUFLICHE ANFRAGEN

Ihre Tochter spielt im gleichen Hockeyclub wie die Jüngste des Chefs, und beim Turnier stehen Sie neben ihm am Spielfeldrand. Nutzen Sie diese Gelegenheit auf keinen Fall, um in lockerer Atmosphäre die längst fällige Gehaltserhöhung anzusprechen oder Ihre tolle Performance der letzten Monate herauszustreichen. Der Mann hat in diesem Moment nicht die geringste Lust, über so was zu reden, außerdem bestärkt ihn ein solcher Versuch nur in seiner Meinung, dass seine Mitarbeiter ihn ständig ausnutzen wollen.

### ZIEHEN SIE KEINE VORTEILE AUS SCHWACHEN MOMENTEN

Natürlich muss man für bestimmte Themen den richtigen Zeitpunkt abwarten. Der ist aber auf keinen Fall gekommen, wenn Ihr Chef auf der Betriebsfeier gerade einen sitzen hat. Es kann zwar sein, dass er Ihr Ansinnen wohlwollend aufnimmt oder sogar sein Okay gibt, am nächsten Tag wird er das aber vermutlich bereuen. Wenn er dann auch noch das Gefühl hat, dass Sie ihn ausgetrickst haben, wird er sich böse rächen. Statt in schwachen Stunden sollten Sie spezielle Anliegen lieber in guten Momenten vorbringen, etwa wenn Sie gerade wegen einer herausragenden Leistung gelobt wurden oder der Boss wegen eines günstigen Abschlusses in Hochstimmung ist.

*Kleiner Tipp* Pünktlichkeit ist ein ganz grundlegendes Gebot der Höflichkeit, denn durch zu spätes Erscheinen vergeuden wir die Zeit unserer Mitmenschen. Das scheint vielen Leuten nicht bewusst zu sein, denn nur selten können wir uns darauf verlassen, dass jemand wirklich zur vereinbarten Stunde aufkreuzt. Im Privatleben ist so was einfach nur ärgerlich, im Beruf bringt notorische Unpünktlichkeit dagegen fette Minuspunkte. Umgekehrt fällt genaues Einhalten des Zeitplans immer extrem positiv auf. Das gilt für die rechtzeitige Ankunft am Morgen und bei allen Terminen und Meetings, genauso aber für die exakte Einhaltung aller Deadlines, Fristen und Abgabetermine. Also schauen Sie öfter mal in den Kalender und auf die Uhr.

## «Du» oder «Sie»?

Englische Muttersprachler kennen die Problematik des Duzens und Siezens nicht, frei nach dem alten Kohl-Witz gilt bei Briten, Amis, Australiern und Co. schon bei der ersten Begegnung das Motto: «You can say you to me.» In vielen anderen Sprachen gibt es dagegen einen Unterschied zwischen vertrauter und förmlicher Anrede; fast immer wird der Fremde, Ältere oder Ranghöhere (zum Beispiel im Job) zunächst einmal in der höflicheren Sie-Form angesprochen. Ganz unterschiedlich gestaltet sich dann aber der Wechsel zu dem Sprachmodus, der bei uns als Duzen bezeichnet wird. Während man in den Niederlanden oder Dänemark relativ schnell zum «Du» übergeht, kann es hierzulande Jahre dauern, bis wir uns dazu bereit fühlen. Damit stehen wir in Europa nicht allein da, die Franzosen tun sich ähnlich schwer. Es gibt aber auch gar keinen Grund, allzu früh das «Du» anzubieten, denn das förmlichere «Sie» stellt immerhin ein Mindestmaß an Distanz und Respekt sicher. Überall dort, wo wir uns nicht ausschließlich als Privatleute und zum Vergnügen treffen, kann dieser Abstand sehr wohltuend sein – zum Beispiel eben im Job. So schön es auch ist, wenn alle Kollegen sich ganz locker-flockig vom ersten Tag an duzen, bei ernsten Unterredungen oder Konflikten stört der freundschaftliche Ton. Und er macht sachliche Diskussionen schwerer, als sie unter Stress und Druck ohnehin schon sind. Deshalb sollten wir im Zweifel lieber einen Tick zu lange beim «Sie» bleiben, denn einmal ausgesprochen, lässt sich das «Du» schwer wieder rückgängig machen. Wenn es Ihnen übrigens auf Dauer albern vorkommt, die Kollegen ständig mit «Herr» oder «Frau» anzusprechen, dann bewährt sich als Zwischenlösung und «best of both worlds» das Siezen mit Vorname: «Michael, könnten Sie das Protokoll nach dem Meeting gleich fertig machen»? Das klingt nett und erhält gleichzeitig die sachliche Ebene.

# *Mann* unterwegs

# Außer Haus, außer sich?

Mann unterwegs – das kann alles sein, von der morgendlichen Autofahrt zur Arbeit über den geschäftlichen Flug ins Ausland bis hin zu den Ferien in der Karibik. Doch in jedem Fall scheinen viele Männer das Unterwegssein als Ausnahmezustand zu betrachten, jedenfalls benehmen sie sich oft ganz anders als zu Hause, im Büro oder beim Spaziergang durch den Stadtpark. Das Paradebeispiel für das Aussetzen der normalen Regeln ist der Straßenverkehr. Da wird von ansonsten ganz gesitteten Familienvätern gedrängelt, gerast, ausgebremst und beim kleinsten Anlass wild geflucht und der Mittelfinger gezeigt. Auch im Urlaub kommt öfter mal der Neandertaler durch, zum Beispiel bei der Schlacht um die besten Liegeplätze, dem Sturm auf das Büfett oder den nächtlichen Duschorgien in hellhörigen Bettenburgen.

Ob gutes Benehmen nur Fassade oder doch tiefste Überzeugung ist, zeigt sich dann am deutlichsten, wenn die Kontrollmechanismen des Alltags wegfallen. Auf Business-Trip allein im Hotel, weit weg von Familie, Nachbarn, Freunden und vertrauter Umgebung, da brennt bei einigen die Sicherung durch – ab auf die Piste, ran an die Bräute, rein in den Puff. Andere nehmen im Urlaub eine Auszeit von ihrem normalen Leben und machen all das, was sie sich sonst nicht trauen. Und wenn das nicht geht, etwa weil sie mit Frau, Kindern oder Schwiegereltern in den Schwarzwald fahren, dann muss eben wenigstens bei der Fahrt ins Büro ein bisschen Rallye-Feeling aufkommen.

Tapetenwechsel ist okay, Flucht aus dem Alltag auch, doch muss das auf Kosten der anderen gehen? Sind die Grundregeln eines menschlichen Miteinanders wirklich eine Zwangsjacke, von der Mann sich bei jeder Gelegenheit befreien will? Sofern diese Regeln als Einengung empfunden werden, ganz bestimmt. Wer aber kapiert hat, dass sie ganz einfach dazu dienen, unser aller Zusammenleben ein bisschen problemloser und angenehmer zu gestalten, wird sich im Auto genauso benehmen wie zu Hause auf dem Sofa. Unterwegs zu sein, egal ob im Berufsverkehr oder bei der Fahrt in die Ferien, ist so schon anstrengend genug, da müssen wir uns nicht noch gegenseitig den letzten Nerv rauben. Also Mann, benimm dich auch auf Reisen!

# Benimm im Verkehr

## Mann und Auto – der KFZ-Knigge

Mann und Auto, das ist meistens eine Liebesbeziehung und häufig eine brisante Mischung. Kein Wunder, dass in den vier Wänden aus Blech nicht selten der Haussegen schief hängt. Mal rast er, mal schleicht sie, mal verfährt er sich und mal kann sie keine Karte lesen (alles auch umgekehrt möglich). Und dann noch der Stress, den manche Fahrer mit ihrem Vehikel unter Fußgängern und Radfahrern verbreiten. Muss das alles sein? Nicht wirklich, schließlich gibt es den ultimativen KFZ-Knigge.

### SIE HABEN ES NICHT MIT AUTOS ZU TUN, SONDERN MIT MENSCHEN IN AUTOS

Auf Fußgänger wird ja eventuell noch Rücksicht genommen, aber andere Autos sind Freiwild. Vergessen Sie nie, dass die Blechkiste von einem Menschen gelenkt wird. Wenn Sie also einen PKW schneiden oder bedrängeln, schneiden oder bedrängeln Sie ein menschliches Wesen. Da Sie das zu Fuß mit anderen Leuten auch nicht machen würden, sollten Sie es auch nicht in und mit Ihrem Fahrzeug tun.

### AUTOSCHEIBEN SIND VON BEIDEN SEITEN DURCHSICHTIG

Viele Männer glauben offensichtlich, dass sie zwar aus dem Auto rausgucken, andere aber nicht von außen reingucken können. Anders ist es nicht zu erklären, dass sie nach Herzenslust gähnen, mit offenem Mund Kaugummi kauen, die Zähne im Spiegel inspizieren und – der Klassiker unter den Grausigkeiten – in der Nase bohren. Wenn Sie schon so was machen müssen, dann wenigstens nicht im stehenden Verkehr (aber auch nicht bei Tempo 200).

### HALTEN SIE SICH AN DIE REGELN

Jedem ist klar, dass man an der roten Ampel halten muss. Die meisten anderen Verkehrsregeln werden dagegen äußerst großzügig ausgelegt. Tempolimits? Gelten nicht für mich. Promillegrenze? Ich kann auch nach fünf Bier noch fahren. Halteverbot? Sorry, aber Parkhaus ist mir zu teuer. Wie wäre es, wenn Mann einfach mal so fährt, wie es vorgesehen ist? Das würde den täglichen Stress und Ärger erheblich reduzieren. Ein Zeichen von Schwäche ist es jedenfalls nicht, in der Ortschaft statt 60 oder 70 ganz vorschriftsmäßig 50 zu fahren (dieser Vorschlag ist ernst gemeint!), keine Feuerwehreinfahrten zuzuparken oder an Zebrastreifen anzuhalten.

### NEHMEN SIE RÜCKSICHT AUF IHRE MITFAHRER

Es gibt eine gewisse Sorte von Autolenkern, die vor Mitfahrern immer eine Schau abziehen müssen. Plötzlich wird gerast wie nichts Gutes, waghalsig überholt, abrupt beschleunigt oder unsanft gebremst. Wenn dann noch aus der Stereoanlage ohrenbetäubende Musik dröhnt und die Luft durch Zigarettenqualm verpestet wird, fühlt sich der Mensch auf dem Beifahrer- oder Rücksitz so richtig wohl. Mag sein, dass dieses Verhalten unbewusst dazu dienen soll, zukünftige Beförderungswünsche im Keim zu ersticken oder unliebsame Freunde loszuwerden, besonders rücksichtsvoll ist es trotzdem nicht. Wenn Sie also jemanden mitnehmen, dann sollten Sie ihm oder ihr die gemeinsame Fahrt so angenehm wie möglich machen.

### MISSBRAUCHEN SIE NICHT DAS GASTRECHT

Nicht nur der Fahrer kann den Mitfahrer quälen, es geht auch umgekehrt, zum Beispiel durch unqualifizierte Kommentare, Dauergequatsche, Meckerei über die Klimaanlage oder das Einsauen des frisch gereinigten Innenraums. Wenn uns jemand in seinem Privatauto mitnimmt, dann tut er uns in aller Regel einen Gefallen. Wir sparen dadurch die unbequeme Fahrt in der Straßenbahn, lange Wege von der Haltestelle nach Hause und natürlich auch bares Geld für Fahrkarten – oder das Benzin des eigenen Fahrzeugs. Vielleicht ist der Chauffeur sogar zum Lenken verdonnert worden, damit die anderen kräftig einen bechern können. Man sollte sich für all das dankbar erweisen und dem Fahrer so wenig Probleme machen wie möglich.

## Öffentlich unterwegs: Bus, Bahn, Taxi, Zug und Flugzeug

Wer allein in seinem Auto sitzt, nervt höchstens die Umwelt außerhalb seiner Karosse. In Bus, Bahn oder Flugzeug reisen wir dagegen in aller Regel nicht solo, deshalb müssen wir dort einiges an Rücksicht aufbringen. Dabei reicht es in den meisten Fällen, sich an die Grundregeln des normalen menschlichen Miteinanders zu halten, ergänzend seien ein paar spezifische Punkte für das mobile Leben erwähnt:

- Essen Sie vor der Reise nichts, was zu Körperausdünstungen jeglicher Art führt, also keinen Knoblauch, kein Mettbrötchen mit dicker Zwiebelgarnitur und keine Hülsenfrüchte.
- Trinken Sie Alkohol nur in Maßen, denn Betrunkene sind keine angenehmen Weggefährten. Mal werden sie redselig, mal aggressiv, andere stoßen Flaschen um und rempeln Leute an, und eine dritte Sorte verfällt in bleiernen Tiefschlaf. Davon abgesehen ist eine starke Alkoholfahne für nüchterne Mitfahrer eine echte Zumutung.
- Reichliches Wassertrinken ist zwar medizinisch ratsam, allerdings kann in engen Verkehrsmitteln der ständige Gang auf die Toilette sehr nervig für die anderen sein (vor allem bei Nachtfahrten, wenn alle schlafen möchten oder wenn Sie nicht am Gang sitzen). Nehmen Sie Flüssigkeit also nach dem bekannten Motto «So viel wie nötig und so wenig wie möglich» zu sich.
- Raucher müssen entsprechende Verbotsschilder respektieren, also in Nichtraucherzonen auf Tabakgenuss verzichten, auch wenn weit und breit kein Aufsichtspersonal zu sehen ist. Ist das Qualmen grundsätzlich erlaubt, sollten nichtrauchende Mitfahrer aus Höflichkeit trotzdem um Erlaubnis gefragt werden. Wenn die nicht erteilt wird, nehmen die Raucher das bitte ohne Maulen und lange Gesichter so hin (was soll sonst die Frage?). Zigarren- und Pfeifenfans sollten selbst in Raucherabteilen und -zonen Zurückhaltung üben, denn ihr Genussmittel stinkt noch durchdringender als die üblichen Glimmstängel. Auch die Liebhaber schwarzer Zigaretten (z. B. Gauloises ohne Filter) stoßen mit ihrem geruchsintensiven Kraut nicht überall auf Verständnis.
- Neben Gerüchen bedrohen auch Lautäußerungen das friedliche Zusammenleben auf engem Raum. Reden Sie also möglichst leise, auch wenn Sie noch so überzeugt sind, dass die anderen unbedingt an Witz oder Tiefsinn Ihrer Ausführungen teilhaben müssten. Seien Sie versichert: Niemand interessiert sich die Bohne für die Konversation zwischen Ihnen und Ihrer Reisebegleitung! Auch das Gelächter sollte ein paar Nummern leiser ausfallen als zu Hause, denn als isoliertes Geräusch in sonstiger Stille wirkt albernes Gegacker überaus störend.
- Ebenso sparsam wie die eigene Stimme muss auch das Volumen technischer Geräte dosiert werden. Stellen Sie Ihr Handy auf Vibrationsalarm, statt permanent den originellen Klingelton zum Besten zu

geben. Reduzieren Sie die Lautstärke der Signaltöne auf ein Minimum – sonst werden die Abteilgenossen nach der zehnten SMS wahnsinnig! Wenn Sie Musik hören, dann bitte ohne Zwangsbeschallung der Umwelt. Tragbare Radios, Fernseher oder Kassettenrekorder scheiden deshalb völlig aus, der Walk- oder Discman muss so leise gedreht werden, dass aus den Kopfhörern nichts nach außen dringt.

- Achten Sie vor und während der Reise peinlichst auf körperliche Hygiene, fahren Sie also möglichst nicht direkt in den verschwitzten Arbeits- oder Sportklamotten los. Am besten duschen Sie zur Sicherheit vor der Abfahrt und wechseln Ihre Sachen, das gilt besonders, wenn sie während einer längeren Fahrt keine Chance zum Umziehen haben. Eau de Toilette und Rasierwasser bitte sparsam verwenden, Parfümwolken können den anderen nicht nur den Atem verschlagen, sondern im Extremfall sogar Allergien auslösen.
- Leider ist es nicht überflüssig, auch dies noch anzumerken: Verzichten Sie auf alles, was den Ekel der anderen erregen könnte, also Widerwärtigkeiten wie Blähungen, Aufstoßen oder Schmatzen. Auch das geräuschvolle Heraufziehen der Nase ist ein absolut klassischer Brechreizerreger. Unter dieses Verbot fallen außerdem Nahrungsmittel, die aufgrund Ihres Aussehens oder Geruchs Befremden oder Übelkeit bei den Mitreisenden erzeugen können, wie zum Beispiel Fisch oder extrem stinkende Käsesorten.

# Benimmregeln für auswärts

## Auf dass du wieder eingeladen wirst: Die 10 Gebote für Gäste

Zu Schüler- und Studententagen war alles so einfach. Da brachte jeder seinen Schlafsack mit und haute sich nach der Fete irgendwo hin. Und heute? Da muss für den Übernachtungsbesuch schon ein richtiges Gästezimmer her, wenigstens aber eine Reservematratze oder eine Schlafcouch. Keine Frage, so machen Gäste wesentlich mehr Arbeit – aber wenn die sich dann auch noch wie die Axt im Walde benehmen, nimmt beim Amateur-Hotelier die Lust auf weitere Besuche rapide ab. Deswegen sollten sich Gäste unbedingt an die folgenden 10 Gebote halten.

### 1. DU SOLLST EIN GASTGESCHENK MITBRINGEN

Kommen Sie nicht mit leeren Händen! Als Dankeschön für das Bekochtwerden eignen sich Blumen, für Übernachtungen sollten Sie noch eine Flasche Wein oder Champagner drauflegen oder irgendetwas Spezielles, was die Gastgeber erfreut.

### 2. DU SOLLST DICH NÜTZLICH MACHEN

Bieten Sie bei jeder Gelegenheit Ihre Hilfe an, auch und gerade bei unbeliebten Aufgaben wie Müll runtertragen oder Geschirr abwaschen. Nur wenn das Angebot auch nach mehrfacher Wiederholung zurückgewiesen wird, dürfen Sie auf dem Sofa sitzen bleiben.

### 3. DU SOLLST IN DER KÜCHE NICHT DAZWISCHENFUNKEN

Wenn groß gekocht wird, möchte mancher Gast gerne helfen. Doch die Abläufe in der Küche sind oft so kompliziert, dass dies eher stört als nutzt, Besucher sollten ihre Assistenz deshalb nie aufdrängen und ein Nein als Antwort akzeptieren.

### 4. DU SOLLST DAS BAD NICHT IN EIN FEUCHTBIOTOP VERWANDELN

Pfützen, bespritze Kacheln und Spiegel, Haare in der Dusche und abrasierte Bartstoppeln im Waschbecken – so etwas möchte niemand im Bad vorfinden. Also sollte es auch niemand hinterlassen.

### 5. DU SOLLST NICHT UNGEFRAGT PARFÜMS UND PERSÖNLICHE UTENSILIEN VERWENDEN

Bei Seife, Shampoo oder Duschzeug kann man sich selbst bedienen, teure Duftwässerchen, die Zahnbürste oder das Rasierzeug sind dagegen absolut tabu. Eau de Toilette und Co. einfach heimlich antesten? Vergessen Sie's, Ihr Gastgeber erschnuppert es mit Sicherheit. Deshalb: Erst fragen!

### 6. DU SOLLST DEN SPEISEPLAN AKZEPTIEREN

Niemand braucht aus Höflichkeit gegen seine Diätgrundsätze zu verstoßen, fangen Sie aber bitte nicht an, den Speiseplan kreativ umzugestalten. Die Gastgeber haben sich etwas dabei gedacht, dass es dieses zum Mittagessen gibt und jenes zum Abendbrot.

### 7. DU SOLLST DEIN BETT MACHEN UND AM LETZTEN TAG ABZIEHEN

Es geht nicht um exakten Bettenbau wie beim Bund, richten Sie die Schlafstatt nach dem Aufstehen einfach nur ein bisschen her. Nicht um Ordnungssinn zu demonstrieren, sondern aus Respekt vor den Räumlichkeiten des Gastgebers.

### 8. DU SOLLST SCHÄDEN NICHT VERTUSCHEN

Natürlich ist es peinlich, wenn man irgendetwas zerdeppert oder beschädigt hat. Einfach nichts zu sagen und darauf zu hoffen, dass es niemand merkt, ist aber definitiv die falsche Strategie. Besser: Die Gastgeber auf den Schaden aufmerksam machen, sich entschuldigen und Ersatz anbieten.

### 9. DU SOLLST DEN LEBENS- UND EINRICHTUNGSSTIL DER GASTGEBER RESPEKTIEREN

Es ist unhöflich, intolerant und ein Missbrauch der Gastfreundschaft, an den Gewohnheiten des Besuchten herumzukritteln. Sie meinen, er sollte den Müll trennen oder beim Lüften die Heizung herunterdrehen? Behalten Sie es für sich.

### 10. DU SOLLST DICH HINTERHER ANGEMESSEN BEDANKEN

Beim Abschied danke sagen, das ist das Mindeste. So macht's der Profi: Ein paar nette Zeilen schreiben, in denen Sie die genossene Gastfreundschaft würdigen. Bitte nicht als E-Mail oder SMS, sondern per Karte oder Brief.

## Gebrauchsanweisungen fürs Hotel

Hotel ist nicht gleich Hotel. In der All-inclusive-Anlage herrschen andere Sitten als in der Nobelherberge, und im Grandhotel können Sie höhere Ansprüche stellen als in der nüchternen Low-Budget-Absteige an der Autobahn. Wo Sie sich wie verhalten müssen und was Sie von welchem Hotel erwarten dürfen, verrät dieser kleine Leitfaden.

## ANKUNFT

Je nobler das Haus, desto bequemer gestaltet sich die Ankunft. Beim Grandhotel fahren Sie einfach vor und geben die Autoschlüssel beim Wagenmeister ab, dann gehen Sie zum Einchecken an die Rezeption. Derweil wird das Fahrzeug geparkt und Ihr Gepäck entladen, Sie sehen es in der Halle wieder oder gleich auf dem Zimmer. In einfachen Businesshotels oder Urlaubsherbergen ist dieser Service unüblich. Hier müssen Sie selbst parken und das Gepäck hereinbringen. Auf Nachfrage wird Ihnen zwar jemand behilflich sein, die Regel ist das aber nicht. Haben Hotelangestellte Ihr Auto geparkt, dann verbleiben die Schlüssel an der Rezeption. Wenn Sie das Fahrzeug brauchen, fährt man es für Sie vor, gibt es etwas zu verstauen, erledigt dies ein Page. Dieser Service ist Teil des Leistungspakets, Trinkgelder sind dennoch üblich, und zwar je nach Gewicht und Umfang des Gepäcks zwischen ein und fünf Euro. Wenn Sie nur mit Aktenmappe und Kleidersack reisen, dürfen Sie die Hilfe natürlich ablehnen, sie anzunehmen ist allerdings auch bei Minigepäck absolut nicht verwerflich.

## IM ZIMMER

Es ist Einstellungssache, wie penibel Sie das Zimmer beim Einzug untersuchen. Im billigen Businesshotel erwarten die meisten von uns nur Bett, Dusche, Minibar und Fernseher, in den Ferien stellen wir dagegen höhere Ansprüche. Allerdings sollten sie an das Hotelniveau angepasst sein, nicht jedoch an den Preis, den Sie zahlen. Wenn Sie im Grandhotel eine supergünstige Wochenendrate ergattert haben, dürfen Sie trotzdem die volle Leistung dieser Hotelkategorie einfordern. In der billigen Last-Minute-Bettenburg sollten Sie den Ball dagegen flach halten – sauber muss es allerdings auch dort sein, und alles hat zu funktionieren.

In Nobelherbergen dürfen Sie ruhig Sonderwünsche äußern. So können Sie zum Beispiel um ein anderes Zimmer bitten, wenn Ihnen die Aussicht partout nicht gefällt, zusätzliche Kissen bei der Hausdame bestellen, spezielle Musik für die Anlage ordern und die Mahlzeiten heraufbringen lassen. In einfachen Hotels vergessen Sie solche Extrawürste am besten gleich wieder, allein schon weil dort die Personaldecke für diese Art von Service meist viel zu dünn ist. In Frankreich gilt es allerdings auch in einfachen Herbergen als relativ normal, im Bett zu frühstücken (allerdings nur Croissants oder Weißbrot und Milchkaffee), und diese Annehmlichkeit gibt es oft sogar ohne Aufpreis.

WORLD STOCK MARKETS

Im Gegensatz zur eigenen Wohnung müssen wir im Hotelzimmer nicht putzen und anders als im heimischen Schlafzimmer brauchen wir im fremden auch nicht das Bett zu machen. Trotzdem sollten hygienische und ästhetische Minimalstandards gewahrt bleiben, denn auch wenn wir im Hotel für die Übernachtung bezahlen, sind wir dort Gäste. Es ist beispielsweise eine Sauerei, seine Schuhe mit dem Vorhang, der Bettdecke oder den Handtüchern zu polieren (dafür gibt es spezielle Lappen im Schrank oder Maschinen auf dem Flur) oder Speisereste im Papierkorb vor sich hin gammeln zu lassen (oder gar einfach unter dem Bett zu entsorgen). Wenn Sie auf dem Zimmer gegessen haben, stellen Sie das Geschirr mit dem Tablett auf den Flur und sagen dem Roomservice Bescheid. Unordnung ist an sich kein Problem, wenn Sie in Ihrem Chaos nicht gestört werden wollen, sollten Sie während Ihres Aufenthaltes einfach permanent das Do-not-disturb-Zeichen an die Tür hängen. Falls Sie allerdings möchten, dass das Zimmermädchen zwischendurch mal Klarschiff macht, dann sollten Sie vorher wenigstens ansatzweise aufgeräumt haben (dreckige Unterhosen einsammeln, Jacken in den Schrank hängen etc.).

Die Leute in den Zimmern nebenan, gegenüber und unter Ihnen freuen sich übrigens, wenn sie so wenig wie möglich von Ihnen hören. Sprechen Sie auf dem Gang leise (vor allem nachts und frühmorgens), lachen Sie nicht lauthals, schließen Sie die Tür vorsichtig, lassen Sie keine schweren und harten Gegenstände auf den Boden fallen und machen Sie unter der Dusche nicht einen auf Pavarotti.

## UMGANG MIT DEM HOTELPERSONAL

Manchen Leuten fällt es schwer, die Balance zwischen selbstverständlicher Inanspruchnahme von Dienstleistungen und Gönnerhaftigheit zu halten. Je vornehmer das Haus, desto weniger Mitarbeit wird von Ihnen erwartet. Wenn im Landgasthof die Birne der Nachttischlampe durchbrennt, sollten sie sich beim Portier eine neue abholen, im gehobenen Business- oder Grandhotel reicht dagegen ein Anruf an der Rezeption, der Rest wird erledigt.

Wenn der Haustechniker auf das Zimmer kommt, müssen Sie sich übrigens nicht groß in Schale werfen, es ist völlig okay, ihn im Bademantel oder nur mit einem Handtuch bekleidet zu empfangen. Je exklusiver das Haus, desto versierter ist das Personal im Umgang mit ungewöhnlichen Situationen. Solange Sie höflich sind und nicht offensiv das Schamgefühl der Mitarbeiter verletzen, wird man Sie dort deshalb in jedem erdenklichen Outfit mit gleichbleibend freundlicher Sachlichkeit behandeln, egal ob Sie Smoking, Boxershorts oder Schlafanzug tragen. Zurückhaltung ist allerdings beim weiblichen Personal angesagt, die Grenze zur sexuellen Belästigung darf auf keinen Fall auch nur tangiert werden.

## REZEPTION, CONCIERGE UND CO. – WER MACHT WAS?

Im Minihotel irgendwo in der Pampa gibt der Portier die Schlüssel raus, serviert Bier oder macht Kaffee, weckt den Gast morgens auf und zeigt ihm den Weg auf dem Stadtplan. In größeren Häusern gibt es für jede dieser Aufgaben spezielle Mitarbeiter, die Sie direkt oder über die Rezeption erreichen können. Die zweite wichtige Anlaufstelle ist der Concierge, er kümmert sich um alles, was außerhalb des Hotels passiert, also zum Beispiel um Restauranttipps und Tischreservierungen, Eintrittskarten jeglicher Art, Mietwagen, Chauffeurservice, Blumen, Geschenke, Shopping etc.

Für das Wohlbefinden im Hotel sorgen der Zimmerservice und die Hausdame, der eine versorgt den Gast mit Speis und Trank (möglichst rund um die Uhr), die andere ist für den perfekten Zustand des Zimmers verantwortlich und kann auch bei der Kleider- und Wäschepflege behilflich sein. Mit zweideutigen Wünschen brauchen Sie ihr und ihren Mitarbeiterinnen aber gar nicht erst zu kommen, hier hört der Zuständigkeitsbereich nämlich auf. Wenn Sie außerhalb Ihres Zimmers Hilfe brauchen, wenden Sie sich möglichst an einen Mitarbeiter in Serviceuniform, zum Beispiel einen Pagen oder Kellner. Das Zimmermädchen, das gerade am Saubermachen ist, oder der Koch, der sich auf den Gang verirrt hat, eignen sich weniger als Ansprechpartner.

## TRINKGELD

Manche Leute geben aus Geiz ungern Trinkgeld, andere lehnen das Verteilen von Münzen oder Scheinen als gönnerhafte Geste ab. Das Hotelpersonal freut sich jedoch immer über eine kleine Aufmerksamkeit, denn das Salär ist schmal, und die Handgelder sind steuerfrei. Bleibt die Frage, wie viel angemessen ist. Leute mit altem Geld und Adlige lieben es, verschwindend kleine Beträge zu vergeben, denn äußerste Sparsamkeit gilt in diesen Kreisen als Tugend. Solche Mätzchen nachzuahmen, um sich einen vornehmen Anstrich zu geben, ist genauso überflüssig wie das Umsichwerfen mit unangemessen hohen Trinkgeldern (obwohl das Personal sie niemals ablehnen würde). Wenn Sie die goldene Mitte suchen, sollten Sie sich auf das eigene Gefühl verlassen, also das geben, was man selbst nicht als Witz empfinden würde: fünf Cent fürs Parken des Autos sind lächerlich, über einen Euro wird dagegen niemand die Nase rümpfen, besser wären aber zwei Euro. Alles, was mit größerem Zeit- und Kraftaufwand verbunden ist, sollte mit einem 5-Euro-Schein oder mehr belohnt werden.

Bei mehrtägigen Aufenthalten bewährt sich die Methode, gleich zu Anfang größere Trinkgelder zu geben, das erhöht erfahrungsgemäß die Aufmerksamkeit des Personals. Bedenken Sie dabei aber, dass die Leute oft im Schichtdienst arbeiten und Sie am nächsten Tag jemand anders antreffen könnten. Im Gastronomiebereich des Hauses gilt wie im normalen Restaurant die bewährte 10-bis-15-Prozent-Regel. Wenn Sie die Zeche auf Ihr Zimmer buchen lassen, sollten Sie das Trinkgeld beim Unterschreiben des Belegs in bar geben, sonst geht die Bedienung leer aus.

## ABREISE

Räumen Sie am Abreisetag rechtzeitig das Zimmer oder sagen Sie Bescheid, dass Sie etwas länger brauchen. Wenn Sie dem Zimmermädchen einen Obolus geben möchten, dann hinterlassen Sie am besten eine kleine Dankesnote mit dem Geld. Aus Angst, des Diebstahls verdächtigt zu werden, traut sich das Reinigungspersonal nämlich manchmal nicht, herrenlose Münzen oder Scheine einzustecken.

Verzichten Sie unbedingt darauf, irgendetwas aus dem Zimmer mitzunehmen, Ausnahme sind Gebrauchs- und Verbrauchsgegenstände wie Schreibblöcke, Bleistifte, die kleinen Shampooflaschen aus dem Bad oder die Gratispraline vom Kopfkissen. Seien Sie auch ehrlich mit Ihrem Konsum aus der Minibar, Schummler werden nämlich leicht enttarnt, da in manchen Hotels die Entnahme durch Lichtschranken oder andere trickreiche Mechanismen registriert wird. Sind Ihnen die Getränke aus dem kleinen Kühlschrank zu teuer, sollten Sie sich für längere Aufenthalte lieber etwas aus dem Supermarkt mitbringen. Gehen Sie aber bitte ein bisschen diskret vor, wenn Sie die Flaschen oder Dosen aufs Zimmer tragen. Eigenverpflegung ist zwar nicht verboten, wird aber naturgemäß nicht gern gesehen.

## Grenzerfahrungen: 7 Regeln für Auslandstrips

Auf Auslandsreisen treten wir nicht nur als Individuum auf, sondern immer auch als Vertreter unseres Landes. Wer sich danebenbenimmt, schadet gleichzeitig dem persönlichen Ruf und dem Ansehen der Nation. Etikette-Profis wollen beides vermeiden, deshalb führen sie sich vor der Grenzüberschreitung unsere sieben Regeln für Auslandstrips zu Gemüte.

### REGEL 1: Informieren Sie sich

Viele Peinlichkeiten entstehen dadurch, dass wir vor der Reise unsere Hausaufgaben nicht gemacht haben. Zum Grundwissen über jedes Land gehören Fakten wie geographische Lage (erübrigt sich, wenn Sie mit dem Auto anreisen), politisches System (zum Beispiel konstitutionelle Monarchie oder Republik), Landessprache und ihre Bezeichnung (Belgier sprechen Flämisch und nicht Niederländisch), vorherrschende Religion (ein Hindu möchte ungern für einen Moslem gehalten werden), historische Feindschaften und Freundschaften (die Türken sind zum Beispiel schlecht auf Griechenland zu sprechen, während die Briten eine «special relation» zu den USA pflegen), Sitten und Gebräuche (zum Beispiel bei Tisch, in der Familie oder im Geschäftsleben) und natürlich das Verhältnis zwischen dem besuchten Land und Deutschland. In Europa hat praktisch jedes Land unter unserer Besatzung gelitten, der älteren Generation ist das durchaus noch in Erinnerung.

### REGEL 2: Sprechen Sie die Sprache

Wie bitte? Ich soll Finnisch lernen, weil ich demnächst drei Monate in die Zentrale nach Helsinki abgestellt werde? Das wäre natürlich erstens zu viel verlangt und zweitens selbst bei intensivstem Training kaum zu schaffen. Hilfreich ist es aber schon, sich über die Sprache zu informieren, ein paar Grundvokabeln zu lernen (danke, bitte, ja, nein, hallo, tschüs) und die Regeln der Anrede zu studieren (benutzt man zum Beispiel den Vor- oder den Nachnamen?). In jedem Land ist man erfreut und gerührt, wenn ein Besucher sich wenigstens diese kleine Mühe gemacht hat. Darüber hinaus lässt sich mit der Anwendung (oder Reaktivierung) des in der Schule Gelernten einiges erreichen. Englisch funktioniert in den anglophonen Ländern, hilft aber auch fast überall sonst weiter. Mit Französisch können Sie sich in vielen Ländern Afrikas hervorragend verständigen,

Spanisch ist der Schlüssel zu weiten Teilen Mittel- und Südamerikas, und wenn Sie Russisch sprechen, öffnen sich Ihnen Osteuropa und große Teile Asiens.

## REGEL 3: Respektieren Sie die Religion

Wer gut präpariert ist, kennt die vorherrschenden Glaubensrichtungen des besuchten Landes. Das Wissen um die Religion verhindert aber noch nicht den Tritt ins Fettnäpfchen. Sprechen Sie von sich aus am besten gar nicht über theologische Dinge. Falls das Thema von den Gastgebern angeschnitten wird, müssen Sie jede Art von Witzen und Respektlosigkeiten vermeiden. Sollten die Gastgeber ihre eigene Religion selbstironisch oder gar kritisch kommentieren, dürfen Sie auf keinen Fall in die gleiche Kerbe hauen, solche Bemerkungen können nämlich auch als Testballon dienen. Versuchen Sie auch niemals, sich durch abfällige Bemerkungen über Religionen, die von der Mehrheitsreligion des Landes abweichen, lieb Kind zu machen, denn vielleicht gehört Ihr Gegenüber eben einer solchen Minderheit an. Israelis beispielsweise sind nicht allesamt Juden, es gibt dort auch Moslems und Christen; kritische Bemerkungen über den Islam (oder den Papst) könnten also nach hinten losgehen.

Wenn Sie religiöse Stätten betreten, sollten Sie sich anständig benehmen (Handy ausstellen, leise sprechen, nicht laut lachen, Betende nicht angaffen, Heiligtümer mit Respekt betrachten) und passend kleiden (also nicht in sandverklebten Badeshorts, Muskelshirt und Flipflops eine Kirche betreten). Wenn Schuheausziehen angesagt ist, sollten Sie vorzeigbare Strümpfe tragen und keine Spekulationen darüber anstellen, ob nach der Besichtigung Ihre teuren Treter noch da sein werden. Erkundigen Sie sich, ob Kopfbedeckungen Pflicht sind (wie zum Beispiel für die männlichen Besucher einer Synagoge) oder im Gegenteil abgenommen werden müssen (wie in einer christlichen Kirche). Nicht fotografieren, wenn Schilder es groß und breit verbieten, auch nicht heimlich. Generell nie Leute knipsen oder filmen, ohne vorher zu fragen.

## REGEL 4: Verzichten Sie auf Kritik

Mag ja sein, dass Sie den Kommunismus für überholt halten, Ihrem Geschäftspartner in Peking sollten Sie das aber nicht auf die Nase binden. Zustimmen wird er Ihnen wohl kaum, zu widersprechen verbietet ihm das Gastrecht, und ändern kann er ohnehin nichts – mit einem Wort, Sie bringen ihn nur unnötig in Verlegenheit.

Das Kritikverbot erstreckt sich auch auf Dinge des Alltags. Sparen Sie sich alle Witze, Bemerkungen und Kommentare, die in irgendeiner Weise Mängel oder Schwachpunkte des Gastlandes zum Thema haben. Der kaputte Duschkopf im Hotel, die tote Kakerlake in der Badewanne, das Schlagloch auf der Straße, der Stromausfall letzte Nacht: Für Sie lustige Anekdoten, für Ihre Gastgeber große Peinlichkeiten.

## REGEL 5: Beachten Sie die Lebensumstände

Das Alltagsleben in anderen Ländern kann sich sehr von dem unsrigen unterscheiden. Manches, was uns ärmlich, schäbig oder primitiv erscheint, ist für die Bewohner des Landes normal oder sogar bereits ein Zeichen von Wohlstand und Fortschritt. Lebensumstände sind extrem relativ und immer aus der Sicht des Landes zu betrachten. Mag sein, dass Sie ohne Fußbodenheizung, Wäschetrockner und Wasserbett nicht leben können, Millionen Menschen müssen es. Behalten Sie das immer im Hinterkopf, wenn Sie mit Ihren Gastgebern reden, vor allem bei privaten Unterhaltungen. Geschichten über Probleme mit der neuen Einbauküche sind vielleicht ein gutes Partygespräch in Mitteleuropa, in anderen Weltgegenden sind sie schlicht der Hohn. Auch Klagen über unser Gesundheitssystem klingen in vielen Ländern wie die pure Dekadenz, also Vorsicht beim Smalltalk.

## REGEL 6: Deutschland ist nicht der Nabel der Welt

Verabschieden Sie sich beim Überschreiten der Grenze von der Vorstellung, dass Deutschland das schönste, modernste und am besten funktionierende Land der Welt ist. Im Gegenteil, akzeptieren Sie die Tatsache, dass unsere Mitbewohner in der Welt-WG vieles genauso gut machen wie wir und manches sogar viel besser – auch und gerade in kleinen Ländern. Treten Sie dort niemals mit der Arroganz auf, die uns zum Beispiel an manchen reisenden Amerikanern nervt, wenn sie in das aus ihrer Sicht kleine Europa kommen.

Was den Umgang mit unseren europäischen Nachbarn anbelangt: Verfallen Sie als Deutscher nicht gleich in übermäßige Selbstkritik, denn so schlecht ist es bei uns nun auch wieder nicht. Seien Sie selbstbewusst, aber niemals selbstgefällig.

Auch und gerade im Ausland gilt: Höflichkeit ist ein Muss

## REGEL 7: Seien Sie offen

Eine Reise ist die beste Gelegenheit, etwaige Vorurteile einem gründlichen Realitäts-Check zu unterziehen. Sagen die Spanier wirklich immer «mañana», statt mal etwas sofort zu erledigen? Denkt der Franzose nur an «l'amour»? Sind alle Italiener gut gekleidet? Ist das Essen in England schlecht? Laufen Amerikaner immer nur in T-Shirt und Jeans herum? Wohnen Japaner in Häusern mit Papierwänden? Reiseführer und Medien verbreiten oft einen Haufen Halb- und Unwahrheiten über andere Länder und deren Bewohner, die Deutschen werden zum Beispiel oft als ein Volk derber Biertrinker und Wurstesser dargestellt, die am liebsten Wagner und Volksmusik hören und nur für ihre Arbeit leben. Das stimmt genauso wenig wie die üblichen Klischees, die man bei uns über den Rest der Welt verbreitet. Machen Sie sich deshalb lieber Ihr eigenes Bild.

# Zum Schluss

Ich war neulich mit ein paar japanischen Freunden essen. Es gab Nudeln, die man mit den Stäbchen in eine Suppe taucht und dann verzehrt. Das geht nicht ohne Geräusche ab, doch man beruhigte mich: «Schlürfen Sie ruhig, das ist bei uns völlig okay.» Was zeigt uns das? Etiketteregeln sind im Detail relativ. Das starre Festhalten an einem auswendig gelernten Verhaltenskodex macht niemanden automatisch zu einem höflichen Zeitgenossen. Und es ist keine Garantie dafür, sich in allen Situationen tatsächlich richtig zu benehmen. Was man(n) macht und was nicht – das sehen nicht alle Männer (und Frauen) durch dieselbe Umgangsformen-Brille. Fremde, von den unsrigen abweichende und vielleicht sogar etwas gewöhnungsbedürftige Sitten und Gebräuche haben genauso ihre Berechtigung. Deshalb sollte dieser Knigge niemals dazu missbraucht werden, andere Leute auszugrenzen.

Untadelige Manieren haben nichts mit Besserwisserei und Arroganz zu tun, sondern mit Respekt, Rücksicht und dem ständigen Bemühen, seinen Mitmenschen das Leben ein bisschen angenehmer zu machen und ihnen so wenig wie möglich auf die Nerven zu gehen. Das harmonische Miteinander, in dem sich alle gleichermaßen akzeptiert und wohl fühlen, ist das Ziel, nicht die Errichtung neuer Schranken durch Etepetete-Anwandlungen. Wissen Sie, wie Merengue entstanden ist? Ein Freund aus der Karibik hat es mir erzählt. Auf einer Hochzeit war ein älterer Herr zu Gast, der infolge eines Unfalls ein Bein nachzog. Um ihn beim Tanzen trotz seiner Behinderung eine gute Figur machen zu lassen, begannen die anderen Gäste ganz einfach, ebenfalls ein Bein nachzuziehen.

Also – vergessen Sie im Zweifelsfall den Knigge in Ihrem Kopf und handeln Sie nach dem Knigge Ihres Herzens. Damit sind Sie allemal sympathischer als der geleckte Schnösel, der zwar perfekt mit der Hummergabel hantieren kann, aber zum endgültigen Beweis seiner «Überlegenheit» den Kellner schikanieren muss.

# Über den Autor

Bernhard Roetzel schreibt als Buchautor und Journalist über Mode, Stil und Lebensart. Da die Wahl des Outfits nicht nur von Ästhetik und Trends abhängt, sondern auch von Anlass und Dresscode, kennt er sich im Bereich Etikette sehr gut aus. Nachdem er in zahlreichen Interviews zu diesem Thema befragt worden ist und weil er sich immer wieder über die mangelnde Benimm-Kompetenz seiner Mitmänner wundert, hat er sich entschlossen, sein Wissen in Form eines zeitgemäßen Knigges zusammenzufassen. Wenn Bernhard Roetzel nicht recherchiert oder schreibt, hält er Seminare und Vorträge über die Kunst des stilvollen Auftretens. In seiner Freizeit liest und zeichnet er, spielt Klavier und Gitarre oder kocht zusammen mit seiner Frau.

# Bildnachweis

Seiten 1, 26, 27, 75, 100, 117 EyeWire

Seiten 2, 5, 7, 11, 12, 19, 39, 40, 42, 46, 54, 56, 60, 62, 65, 87, 91, 94, 110 Image Source AG

Seite 6 Electra Vision

Seiten 6, 7, 48, 49, 67, 68 image DJ

Seiten 22, 23, 34, 35, 71, 80, 81, 96 PhotoDisc®

Seite 119 Bernhard Roetzel

## rororo Ratgeber Men's Health

## Über Sex, Lifestyle und wie Mann alle Katastrophen meistert

**Das Flirt-Buch für Männer**
Christiane Dongertz
3-499-61500-2

**Penis pur**
*Was Männer wissen wollen*
Katharina Butz/Detlef Icheln
3-499-60691-7

**Der Survival-Guide**
*Was echte Männer können müssen*
Wolfgang Melcher
3-499-60860-X

**Know-how für Helden**
*Wie Mann alle Katastrophen meistert.* Wolfgang Melcher
3-499-61123-6

**So macht Mann brave Mädchen wild**
*Der ultimative Erotik-Guide*
Astrid-Christina Richtsfeld
3-499-60680-1

**Bei der nächsten Frau wird alles anders**
*Was Männer sich sparen können*
Astrid-Christina Richtsfeld
3-499-61116-3

**Du siehst gut aus!**
*Der Pflege-Guide für Männer*
Astrid Wronsky
3-499-60848-0

**Der Style-Guide**
*Mode-Ratgeber für Männer*
*Profitipps rund ums Outfit*
Bernhard Roetzel

3-499-61323-9

S 13/1a

## rororo Ratgeber Fitness & Wellness

## Kompetente Ratschläge, Tipps und Antworten zu Bewegung, Energie, Ernährung

**Wenig Zeit und trotzdem fit**
Marion Appel-Schiefer
*Das Quickfit-Programm*
*Kleiner Aufwand – viel Effekt*
*Überall und jederzeit*
3-499-61022-1

**Einfach fit und gesund!**
Hans-Dieter Kempf
*Bewegung, Energie, Ernährung*
*Relax- und Anti-Stress-Programm*
*Mit großem Fitnesstest*
3-499-61391-3

**Power for Life**
Ole Petersen
*Das Energieprogramm*
*Burn Fett statt Burnout*
*Mit Real-Age- und Stress-Test*
3-499-61394-8

**Glücksfaktor Sex**
Astrid-Christina Richtsfeld
*Mehr Lust und Spaß*
*Erotik, Energie, Erfolg*
*Sex Food & Spezialrezepte*
3-499-61390-5

**Wellness-Weekends**
Christa G. Traczinski
*Sinnlichkeit. Energie. Reinigung.*
*Ausgeglichenheit*

3-499-61392-1

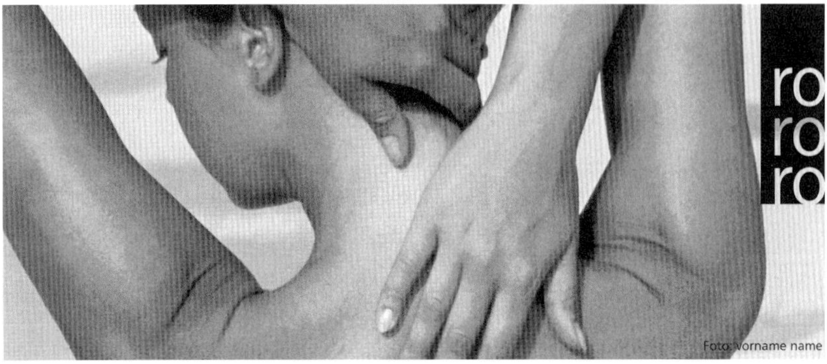


## rororo Ratgeber Sport

## Kompetente Ratschläge, Tipps und Antworten – und weg ist der Speck

**Laufen und Walking**
*Das sanfte Programm für Frauen ab 40*
Kathrine Switzer
3-499-19488-0

**Trainingsbuch Fatburner**
*Der leichte Weg zum richtigen Gewicht*
Sabine Heilig/Christina Gottschall
3-499-19498-8

**Der Fatburner**
*Das Programm mit Garantie. Fett verbrennen – dauerhaft abnehmen*
Ole Petersen/Sonia Goretzki
3-499-61014-0

**Die Knieschule**
*Selbsthilfe bei Kniebeschwerden*
Prof. Dr. Joachim Grifka
3-499-61025-6

**Das neue Dehnen**
*Fakten, Legenden, Praxis*
Jürgen Freiwald/Karin Albrecht
3-499-19456-2

**Rückentraining mit dem Thera-Band®**
*Fit und gesund mit Kleingeräten*
Hans-Dieter Kempf
3-499-61001-9

**So einfach ist Fitness**
*Mein persönlicher Ausdauertrainer*
Ole Petersen

3-499-61024-8